Ferrari
250 GTO

L'empreinte d'une légende

1962-1964

E-T-A-I
SAS au capital de 57 029 328 €
RCS 806 420 360 NANTERRE
Antony Parc 2
10, place du Général-de-Gaulle
92160 Antony - France
Accueil : 01 77 92 92 92
Télécopie : 01 46 99 31 55
www.infopro-digital.fr
www.editions-etai.fr

Directeur de la publication/Publication editor : Julien Elmaleh
Maquette/Layout : Valérie Salvo
Suivi éditorial/Editorial follow-up : Lucie Gibert et Lise Chantelauze
Traduction anglaise/Translation : David Waldron

Dépôt légal : janvier 2020
Imprimé et relié en Europe
ISBN : 979-10-283-0397-6

Ferrari 250 GTO

L'empreinte d'une légende

1962-1964

Texte de William Huon
Traduction anglaise de David Waldron
Photographies de Bernard Cahier

E.T.A.I

SOMMAIRE

CONTENTS

Introduction

L'empreinte et la légende

La Ferrari 250 GTO est devenue légendaire ; ce ne fut pas toujours le cas. Si elle a acquis ses heures de gloire très tôt et souvent avec facilité avant que la concurrence ne se raidisse, elle a connu une période d'éclipse, voire d'oubli, n'intéressant alors que les amateurs ou les collectionneurs voyant plus loin. Beaucoup de celles qui défilent tout au long de ces pages sont devenues des objets de culte, de spéculation ; le sujet de débats enfiévrés. Mais qu'étaient-elles à l'aube d'une légende en devenir ? Quand elles allaient de circuit en circuit aux mains de pilotes amateurs brûlant de l'ardeur d'une passion, aisés, parfois fortunés, courant souvent entre deux décisions d'entreprise. Quand rien n'arrêtait une course, pas même la disparition de l'un d'eux. Car la mort fauchait souvent dans l'après-midi. Miraculeusement, la GTO n'a coûté la vie qu'à un seul, Henri Oreiller, quand les accidents qu'elle connut, souvent dus à la maladresse de ceux qui la servaient, étaient le lot du quotidien.

Tenter de le savoir est précisément l'objet de ce livre voulu comme une lucarne sur un passé révolu ; le résultat d'un choix qui a écarté tout document contemporain pour céder à la photographie du moment. Choix aussi d'arrêter les horloges sur des épreuves que tout oppose, mais qui virent les GTO dominer avant de connaître l'essoufflement : 12 Heures de Sebring, Targa Florio, 1 000 Kilomètres du Nürburgring, 24 Heures du Mans. Et le Tour de France automobile, parfois écarté, mais qui fut, du Mans à Reims en passant par Rouen, Pau, Albi, Charade, le mont Ventoux, les cols pyrénéens et alpins, de jour comme de nuit, le théâtre d'affrontements où, pour nouer moments d'exaltation et de désespérance, beaucoup des trente-six GTO construites laissèrent l'empreinte la plus profonde. Trente-six, plus trois et quelques autres, pour être complet et céder à la tentation de multiplier les émotions. Pour que la légende gagne encore du terrain.

The foundations and the legend

The Ferrari 250 GTO has become an icon, but it wasn't always the case. While it achieved renown very early on often with a certain ease before its rivals hit back, it then suffered a period of eclipse and was virtually forgotten attracting the interest of enthusiasts or collectors who were looking to the future. Many of the cars pictured in these pages have become cult objects or objects of speculation as well as the subject of heated debates. But what were they really at the dawn of their fledgling iconic status when they went from circuit to circuit in the hands of well-off, sometimes rich, amateur drivers who often raced to relax between making crucial company decisions? It was an era when nothing stopped a race, not even the death of one of them because the Grim Reaper often struck in the afternoon. Miraculously, only one driver, Henri Oreiller, paid the ultimate price in a GTO even though the car was frequently involved in accidents due to the mistakes of those behind the wheel.

Trying to discover why is the object of this book intended to be a window on the past: the result of a choice that has banished all contemporary literature replaced by photographs of the epoch. A choice too of stopping the clock on events that had little in common, which the GTO dominated before being outpaced: the Sebring 12 Hours, the Targa Florio, the Nürburgring 1000 km, the Le Mans 24 Hours. And the Tour de France Automobile, sometimes ignored, but which, from Le Mans to Reims by way of Rouen, Pau, Albi, Charade, Mont Ventoux, the Pyrenean and Alpine peaks at daytime and during the night, was the theatre of battles in which many of the 36 GTOs built left the deepest mark triggering moments of exhalation and despair. To ensure nothing is left out the book describes thirty-six GTOs plus an additional three cars as well as a few others. And also to indulge in the temptation to multiply emotions so that the legend spreads even wider!

Enzo Ferrari (1898-1988). (Archives Ferrari, auteur inconnu)

Les racines du futur

Laying the foundations of the future

Un tiers de gloire et de lauriers

Le 24 février 1962, quand Enzo Ferrari apparaît devant la presse internationale pour sa conférence annuelle, le plus dur est passé. La crise qui a secoué l'usine avec la mise à pied de huit de ses cadres dirigeants (dont Giotto Bizzarrini) n'est plus qu'un souvenir et c'est un Commendatore tonnant, voire violent, qui réaffirme la nécessité absolue de la compétition. Comment pourrait-il en être autrement quand sept titres mondiaux sont venus en neuf saisons récompenser les mérites de ses machines et que grâce à lui quatre de ses pilotes ont pu ceindre la couronne mondiale ?

Qu'il trouve contradictoire avec l'esprit du temps les nouveaux règlements de l'Automobile Club de l'Ouest importe peu (les organisateurs de l'épreuve mancelle, avec l'accord et l'appui de certaines organisations étrangères, entendent ouvrir leur circuit aux prototypes de forte cylindrée, ce qui engendrerait une nouvelle course à la puissance). Que le Championnat mondial des constructeurs, divisé en trois catégories et désormais réservé aux voitures dites de Grand Tourisme, le force à se "contenter d'un tiers de gloire et de lauriers" ne l'importune plus. Il est prêt ; ses voitures le sont aussi. Résultat d'une saison de travail et d'une expérience accumulée depuis plus d'une décennie, les six voitures alignées dans la cour de l'usine de Maranello en sont la preuve. Signe des temps, les quatre Dino (196 SP, 246 SP, 248 SP et 268 SP) extérieurement identiques, mais mécaniquement différentes, sont équipées d'un moteur monté en position centrale. Ferrari en aurait-il donc fini avec une révolution commencée deux ans plus tôt ? Pas encore, si l'on considère que la 250 GTO, qui représentera la marque en Championnat mondial des constructeurs dans la catégorie des plus de 2 000 cm^3, est, avec son V12 de 3 litres monté à l'avant, doublement ancrée dans le passé de Maranello.

Le comprendre demande de remonter au sortir de la guerre quand Gioacchino Colombo, en réserve d'Alfa Romeo, dessine pour Enzo Ferrari un moteur V12 à 60° de 2 litres, mais d'une cylindrée de 1 497 cm^3 (55 x 52,5 mm) dans sa première version. Colombo ayant réintégré la marque milanaise, il revient à Giuseppe Busso, venu de chez Alfa Romeo, et à un

A third of the glory and the laurels

When Enzo Ferrari appeared in front of the international media for his annual press conference on 24th February 1962 he had weathered the toughest part of the storm. The crisis that had shaken the factory to its roots with the dismissal of eight of its key men including Giotto Bizzarrini was now only a memory and the Commendatore was in a belligerent, even violent, mood when he reaffirmed that racing was an absolute priority. How could it be otherwise when his cars had won seven world titles in eight years and thanks to him four of his drivers had donned the F1 world crown?

While he felt that the new regulations drawn up by the Automobile Club de l'Ouest (the organisers of the Le Mans race with the agreement and backing of certain foreign organisers had agreed to open their circuit to large cubic capacity cars triggering a new power escalation) were contradictory and not in keeping with the spirit of the times didn't really matter. And the fact that the World Championship for Manufacturers divided into three categories and now reserved for grand touring cars forcing him to make do with a third of the glory and the laurels didn't worry him either. He was ready and so were his cars as proved by the six Ferraris lined up in the courtyard of the Maranello factory. It was a sign of the times that the four Dinos (196 SP, 246 SP, 248 SP and 268 SP) externally identical, but mechanically very different, were all powered by mid-mounted engines. So had Ferrari finally embraced a revolution that had begun two years earlier? Not yet was the answer as the 250 GTO that would fly the make's flag in the World Championship for Manufacturers in the over 2000 cc category had its 3-litre V12 engine installed in the front so was doubly anchored in Maranello's past.

To understand why requires a step back in time, to the end of WWII in fact, when Gioacchino Colombo, who was on standby at Alfa Romeo, designed a 2-litre 60° V12 engine for Enzo Ferrari which, in its first version, had a cubic capacity of 1497 cc (55 x 52,5 mm). When Colombo reintegrated the Milan make Giuseppe Busso from Alfa Romeo and a young designer, Aurelio Lampredi, increased its displacement to 1903 cc (59 x 58 mm). Lampredi left Ferrari as he didn't get on with Busso, but

Samedi 24 février 1962. Le Commendatore vient de terminer sa conférence de presse, dans la cour qui jouxte les ateliers de compétition de l'usine de Maranello, la nouvelle collection est avancée. Au premier plan, la 156 F1, puis les Dino 196 SP, 246 SP, 248 SP, 268 SP, et celle qu'on appellera la 250 GTO. (Bernard Cahier, The Cahier Archive)

Saturday 24th February 1962. The Commendatore has just finished his press conference and the new collection is on display in the courtyard adjoining the racing workshops of the Maranello factory. In the foreground is the 156 F1, then the Dinos 196 SP, 246 SP, 248 SP, 268 SP and the 250 GTO. (Bernard Cahier/The Cahier Archive)

jeune projeteur, Aurelio Lampredi, de le porter à 1 903 cm³ (59 x 58 mm). Lampredi partira de chez Ferrari pour incompatibilité d'humeur avec Busso et reviendra à Maranello en 1948 après une brève incursion chez Isotta Fraschini. Il sera à l'origine d'un V12 de 3,3 litres dont les versions élargies à 4,5 litres et 4,9 litres permettront à Ferrari de remporter son premier Grand Prix de F1 en 1951 et les 24 Heures du Mans en 1954. Il partira chez Fiat en 1955.

Quoi qu'il en soit, fort de nouvelles avancées technologiques, le développement du V12 se poursuit (en même temps que la valse des ingénieurs continue avec le retour de Busso chez Alfa Romeo, suivi de celui de Colombo à Maranello, qu'il quittera en 1951 pour retourner à Milan), sa cylindrée passe progressivement à 1 995 cm³ (60 x 58,8 mm), puis à 2,3 litres, 2,5 litres et 2,7 litres avant de se figer à très exactement 2 953,21 cm³ (73 x 58,8 mm), en 1952. Baptisé tipo 128, il équipe la 250 S (pour 250 cm³ de cylindrée unitaire et Sport) puis, deux ans plus tard, le prototype de la Berlinette 250 GT Compétition (250 GT Competizione) habillée par Pininfarina. Ce V12 de 3 litres, fréquemment modifié au fil des saisons, motorisera dès 1955 les 250 GT Compétition, puis les GTO.

Une clientèle privilégiant les performances

Le fait n'est pas nouveau, les législateurs goûtent peu le succès quand il est récurrent et aiment à jouer de leurs prérogatives en changeant les règles pour une nouvelle donne. En 1955, au lendemain de la tragédie mancelle, la Commission sportive internationale (CSI), soucieuse de limiter l'escalade à la puissance, songeait à limiter la cylindrée des prototypes (ce sera fait en 1958 en limitant à 3 litres la cylindrée des Sport disputant le championnat mondial) et créait, sentant le vent changer, une catégorie Grand Tourisme. Subdivisée en trois classes, dont celle de 2 à 3 litres, cette catégorie visait à regrouper les voitures produites en petite série à l'usage d'une clientèle privilégiant les performances sans sacrifier au confort. Dans la division supérieure, mis à part les apparitions sporadiques de la Mercedes 300 SL, les Jaguar et Aston Martin, longtemps espérées, se feront

returned to Maranello in 1948 after a brief stint at Isotta Fraschini. He was behind the 3.3-litre V12 whose iterations enlarged to 4.5 and then 4.9 litres helped Ferrari to his first F1 Grand Prix victory in 1951 and the Le Mans 24 Hours win in 1954. He joined Fiat in 1955.

In any case, thanks to new advances in technology the development of the V12 engine continued as did the musical chairs involving engineers with Busso's return to Alfa Romeo followed by that of Colombo to Maranello (which he left in 1951 to return to Milan!), and its cubic capacity increased to 1995 cc (60 x 58,8 mm), then 2.3 litres, 2.5 litres and 2.7 litres before being frozen at exactly 2953.21 cc (73 x 58,8 mm) in 1952. Christened the tipo 128, it was installed in the 250 S (250 cc unitary cubic capacity and Sport), then two years later in the Berlinetta 250 GT Competition prototype (250 GT Competizione) with coachwork by Pininfarina. This 3-litre V12 underwent frequent modifications during the coming seasons and from 1955 onwards it powered the 250 GT Competition cars and then the GTOs.

Clients for whom performance was paramount

It's nothing new! Law makers don't care much for success when it's recurrent and like to use their prerogatives by changing the rules to create a new playing field. In 1955, after the Le Mans tragedy the International Sporting Commission (CSI) wanted to curb the power escalation and pondered limiting the cubic capacity of prototypes, which was finally done in 1958 by restricting the cubic capacity of sports cars taking part in the world championship to 3 litres. The rule makers also sensed the way the winds of change were blowing and created a grand touring category. It was divided up into three classes including a 2 to 3-litre category for cars produced in small numbers aimed at a clientele for whom performance was paramount without sacrificing comfort. In the upper division, apart from sporadic appearances of the Mercedes-Benz 300 SL, the hoped-for arrival of Jaguars and Aston Martins dragged on and the result was that Ferrari had no opposition to speak of. Thus, between 1956 and 1958 the reliable Berlinettas often entered in large numbers wrapped up victories everywhere and in the Tour de France in particular.

0773 GT. Dans la lignée des 250 GT précédentes, Ferrari présenta en 1957 une seconde mouture de la 250 GT Competizione Scaglietti appelée parfois Tour de France, en raison des succès glanés par son aînée dans cette épreuve. Bien équilibrée, plus élégante que la précédente, dotée de phares carénés, la 0773 GT, que l'on voit ici aux 12 Heures de Sebring 1958 (O'Shea-Kessler-D. Cunningham), fut l'une des premières à recevoir cette nouvelle carrosserie. (Bernard Cahier, The Cahier Archive)

0773 GT. In 1957, following in the lineage of the previous 250 GTs, Ferrari unveiled the second version of the 250 GT Competizione Scaglietti sometimes called the Tour de France because of the successes of the first model in this event. 0773 GT, seen here in the 1958 Sebring 12 Hours (O'Shea-Kessler-D. Cunningham), was well balanced and more elegant than the previous car and one of the first to be clothed in the new bodywork. (Bernard Cahier/The Cahier Archive)

attendre, laissant Ferrari sans opposition sérieuse. Au résultat, de 1956 à 1958, les Berlinettes (fiables et souvent en surnombre) trusteront les victoires, notamment dans le Tour de France.

En 1959, si l'on considère que le moteur tipo 128 est devenu par touches tipo 128 B, C, D, voire DF, et que la Berlinette se décline principalement en deux carrosseries, la nouveauté majeure tient en la présence au Salon de Paris d'une Berlinette 250 GT carrossée par Pininfarina. À l'image des précédents, son châssis est toujours constitué de deux tubes parallèles, en acier et de section ovale, reliés par des longerons tubulaires, mais son empattement, et c'est une nouveauté majeure, est de 2,40 m contre 2,60 m précédemment. Plus légère, plus vive, plus rapide, la 250 GT SWB (pour Short Wheelbase ou empattement court) est née ; elle connaîtra un succès insigne. En attendant, la Coppa Sant'Ambroeus, le Tour de France, le Gran Premio della Lotteria di Monza, la Coppa Inter-Europa sont, parmi d'autres, des victoires qui reviennent à l'aînée.

In 1959, taking into account the fact that the tipo 128 engine was tweaked to become the tipo 128 B, C, D, and DF, and that the Berlinetta basically had two types of bodywork, the main novelty at that year's Paris Motor Show was a Berlinetta 250 GT with coachwork by Pininfarina. Like its predecessors its chassis still

Engagée jusqu'alors en catégorie Sport, la Berlinette 250 GT SWB est homologuée en catégorie GT le 16 juin 1960, soit quelques jours avant les 24 Heures du Mans. Sur les sept au départ, quatre rallient l'arrivée au terme d'un bel effort d'ensemble si l'on considère que, derrière celle de Tavano-Dumay (quatrième au général et première en GT 3.0), elles sont trois dans le même tour ! Un succès d'autant plus éclatant qu'une seule Chevrolet Corvette termina sur les quatre au départ, de plus très loin derrière ! Et c'est justement là que le bât blesse, ou va blesser, car de la concurrence les Berlinettes vont se jouer : le Tour de France, les 1 000 Kilomètres de Paris, la Coppa Inter-Europa, le Tourist Trophy s'ajoutent à une liste de victoires hors championnat, qui n'est pas exhaustive.

consisted of two parallel steel oval section tubes linked by tubular cross members, but its wheelbase – and that was the major innovation – was 2.40m compared to 2.60m on the previous model. The lighter, faster, more agile 250 GT SWB (Short Wheelbase) was born: it was to meet with headline-grabbing success. In the meantime, the older car racked up more victories including the Coppa Sant'Ambroeus, the Tour de France, the Gran Premio della Lotteria di Monza and the Coppa Inter-Europa among others.

The Berlinetta 250 GT SWB, which, up till then, had been entered in the sport category, was homologated in the GT category on 16th June 1960 just a few days before the Le Mans 24 Hours. Four of the seven cars at the start saw the chequered flag, a real achievement considering that behind the Tavano-Dumay 250 GT SWB (fourth overall and winner of the 3-litre category) came three others all on the same lap! This success was all the more scintillating as only one of the four Corvettes at the start finished – and a long way behind to boot! And this was the problem that arose – or would arise – as the Berlinettas played with their rivals adding the Tour de France, the Paris 1000 km, the Coppa Inter-Europa and the Tourist Trophy among others to a non-exhaustive list of non-championship victories.

1811 GT. La 250 GT SWB (1811 GT) est un exemple typique de la Berlinette de compétition fabriquée au début de 1960. Acquise en mai par Jean Blaton (alias "Beurlys"), elle se démarque des premiers modèles de l'année par la présence de sorties d'air sur les ailes. Elle est ici vue le 22 mai 1960, lors des 1 000 Kilomètres du Nürburgring ("Beurlys"-Noblet) où elle finit quinzième au général. (Bernard Cahier, The Cahier Archive)

11811 GT. The 250 GT SWB (1811 GT) is typical of the racing berlinetta manufactured in the early sixties. Jean Blaton (alias "Beurlys") bought it in May and it stood out from the first models of the year as it had air outlets on the wings. Driven by "Beurlys"-Noblet it is seen here at the Nürburgring 1000 km 22nd May 1960, in which it finished 15th overall. (Bernard Cahier/The Cahier Archive)

Le futur se dessine

Bref, pour les législateurs il est temps de changer la donne, plus exactement de faire en sorte que le Championnat du monde des constructeurs s'ouvre aux voitures de Grand Tourisme pour attirer une concurrence plus hardie, notamment britannique puisque l'on murmure Aston Martin et Jaguar intéressés. Nous le verrons. En attendant, si la CSI se donne le temps de la réflexion, une chose est certaine : le Championnat des marques instauré en 1953 est en sursis. Et comme en toute chose il importe d'appâter pour mieux saisir, les GT pourront dès 1961, à défaut de ceindre une couronne de lauriers, recevoir une des coupes de la CSI puisque pour ratisser large ce ne seront pas moins de six divisions allant de 500 cm^3 à plus de 2 litres que l'on récompensera.

Conséquence heureuse d'une opposition sur une pente ascendante mais qui cherche encore ses marques, la saison 1961 est pour Ferrari, en GT s'entend, la réplique exacte de la précédente. Un nouveau titre mondial donc, à la résonnance étouffée puisque partagée, mais auquel s'ajoute un chapelet de victoires hors championnat, à Nassau, à Spa, en Auvergne, à Montlhéry (Coupe du Salon, 1 000 Kilomètres de Paris, etc.), au Nürburgring, avec en addition le Tourist Trophy et le Tour de France.

Mais force est d'évoluer, la CSI ayant décidé dans l'année que le Championnat mondial des marques se disputera en 1962 avec des voitures de Grand Tourisme (l'une des conditions d'homologation étant d'être construites à cent exemplaires au moins) classées selon trois divisions. Un découpage pour trois couronnes mondiales, qui nous vaudra de la part de Ferrari la réflexion connue, mais entériné pour au moins quatre saisons (1962-1965).

De quoi rasséréner une concurrence prête à se durcir. Chez Aston Martin, la DB4 GT, version sportive de la DB4, a été revue et allégée par le carrosier italien Zagato, mais nul ne doute que la Jaguar E, présentée au Salon de Genève, préfigure les nouvelles ambitions sportives de Coventry. Sans oublier Chevrolet, dont les Corvette vues à Sebring étaient officiellement engagées par l'usine.

En attendant, signe que Maranello n'entend pas s'offrir, la Berlinette de compétition est désormais

The future takes shape

In short, for the legislators it was time to change the rules of the game or more exactly to take action to open up the World Championship for Manufacturers to grand touring cars to attract tougher competition, in particular English, because as rumour had it Aston Martin and Jaguar were interested. We shall see. Meanwhile if the CSI gave itself time to think, one thing was certain the Championship for Makes created in 1953 was on its last legs. As in most things it was necessary to bait the trap to attract newcomers so from 1961 onwards, instead of just one prize, no fewer than six divisions ranging from 500 cc to over 2 litres would be awarded cups to spread the net far and wide! A fortunate consequence for Ferrari of the fact that rivals were honing their weapons, but were not yet ready, was that the 1961 GT season was a mirror image of the previous one. It sealed another world title whose impact was reduced because it was shared. To which the Prancing Horse added a string of non-championship victories in Nassau, at Spa, in Auvergne, at Montlhéry (Coupe du Salon, Paris 1000 km), the Nürburgring plus the Tourist Trophy and the Tour de France.

But evolution was the name of the game as during the year the CSI had decided that the World Championship for Makes would be run for grand touring cars in 1962 (one of the conditions for homologation being that at least 100 units had to be produced) classified in three divisions. It was split up into three world titles, which led to Ferrari's already-mentioned outburst on the subject, and agreed for at least four seasons (1962 – 1965).

It was enough to reassure rivals who were fine-tuning their cars. At Aston Martin, Italian coachbuilder Zagato's DB4 GT, the second competition version of the DB4, was up and running, but was not yet a threat. Nobody doubted that the E-Type Jaguar unveiled at the Geneva Motor Show heralded Coventry's new sporting ambitions. And Chevrolet should not be forgotten either as the Corvettes that raced at Sebring were entered by the factory.

Meanwhile, as a sign that Maranello had no intention of becoming an easy prey the racing Berlinetta was now powered by a V12 tipo 168/comp. 61 engine and

2689 GT. Illustration de l'évolution de la 250 SWB : la 2689 GT construite en 1961. Vendue à Pierre Noblet, elle termina troisième au général des 24 Heures du Mans 1961 (Noblet-Guichet). On la voit ici en route vers une septième place au général lors des 1 000 Kilomètres du Nürburgring 1962. (Bernard Cahier, The Cahier Archive)

2689 GT. An illustration of the evolution of the 250 SWB: the 2689 GT built in 1961. It was sold to Pierre Noblet and finished third in the 1961 Le Mans 24 Hours (Noblet-Guichet). Here it is on its way to seventh place in the 1962 Nürburgring 1000 km. (Bernard Cahier/The Cahier Archive)

équipée du V12 tipo 168/comp. 61 et d'un châssis allégé et plus fortement entretoisé (tipo 539/61). Double signe même, quand le maître des lieux, tout en tonnant à chaque nouveau règlement qu'on ne l'y reprendra plus, n'en prépare pas moins l'avenir en alignant au

had a lightened and more stiffly braced (tipo 539/61) chassis. In fact, the signs were double as although Ferrari still thundered with the appearance of each new set of regulations that he would not continue, he was preparing for the future by entering a Berlinetta

Mans une Berlinette Sperimentale, issue d'un châssis de 250 GT (2643 GT) habillé par Pininfarina d'une carrosserie de Superfast II.
Avant effilé, calandre ovale, phares carénés, V12 Testa Rossa à carter sec, un arbre à cames par banc, six carburateurs double corps Weber : le futur se dessine. Et preuve qu'à Maranello on commence à comprendre que la puissance n'est pas tout, un spoiler de fortune est ajouté en dernière minute pour discipliner un arrière (trop) effilé. Il était temps ! Car, chez Ferrari, la lutte contre le vent n'a pas toujours été une priorité. En 1960, au Mans, les Testa Rossa (290 ch) étaient 30 km/h moins rapides que les Jaguar D (300 ch) trois ans auparavant (287 km/h pour celle de Hamilton-Gregory). Reste que ce fut difficile : à Monza, en septembre 1961, alors que le prototype de la GTO commence à s'ébrouer, il a fallu toute l'insistance persuasive de Carlo Chiti (bien conseillé par Vittorio Jano) pour que l'installation d'une lame d'aluminium courant transversalement sur l'extrême arrière de la 246 SP, essayée par Ginther, soit le remède à son instabilité chronique.

Dans le plus grand secret

Quoi qu'il en soit, les résultats en demi-teinte obtenus par la Sperimentale demandent une réaction vive, quitte à bouleverser les idées reçues. Nous sommes en juin, au lendemain du Mans, quand Enzo Ferrari confie, dans le plus grand secret, cette tâche à un ingénieur originaire de Livourne, diplômé de l'Université de Pise et nourri des théories de l'aérodynamicien allemand Kamm, Giotto Bizzarrini. Entré chez Alfa Romeo en 1954, il est passé chez Ferrari trois ans plus tard, où il est devenu, sous l'égide de Luigi Bazzi, responsable du développement des 250 GT. Pour Bizzarrini et ses trois assistants commence une période d'activité intense. Ayant à l'esprit une voiture à l'avant effilé et à l'arrière tronqué, Bizzarrini raccourcit de 20 cm les 2,60 mètres du châssis de sa 250 GT Boano personnelle et recule le moteur pour diminuer la hauteur du capot et augmenter le poids sur l'essieu arrière. Bénéfice de la soufflerie de l'université de Turin et de celle de l'usine (très artisanale, due à Forghieri), la circulation des flux d'air dans le compartiment moteur et leur extraction font l'objet d'un

Sperimentale, a 250 GT chassis (2643 GT) covered by Pininfarina with Superfast II bodywork for Le Mans.
Its streamlined nose, oval grille, faired-in headlights, a dry sump V12 Testa Rossa engine with one camshaft per bank, six double-barrelled Weber carburetors prefigured the future. And as proof that Maranello was beginning to understand that power wasn't everything, a slightly haphazard spoiler was added at the last minute to tame an over-streamlined rear. It was time as at Ferrari battling with the air had never really been a priority. At Le Mans in 1960, the Testa Rossas (290 bhp) were 30 km/h slower than the D-Type Jaguars (300 bhp) three years earlier (287 km/h for the Hamilton-Gregory car). But it was difficult. At Monza in September 1961 when the prototype of the GTO was beginning to take shape, it needed all the persuasive powers of Carlo Chiti (well advised by Vittorio Jano) to have an aluminium blade installed running transversally across the back of the 246 SP tested by Ginther, which was found to be the answer to its chronic instability!

In the utmost secrecy

In any case the *Sperimentale's* disappointing results demanded a robust reaction even if it upset generally accepted ideas. In June after Le Mans Enzo Ferrari entrusted this job to an engineer from Livorno in the utmost secrecy. His name was Giotto Bizzarrini, a graduate of Pisa university, who was steeped in the ideas of German aerodynamicist, Wunibald Kamm. He joined Alfa Romeo in 1954 and moved on to Ferrari three years later where, under the supervision of Luigi Bazzi, he was responsible for the development of the 250 GT. It was the start of a very busy period for Bizzarrini and his three assistants. Bizzarrini's idea was to design a car with a streamlined front and a cut-off rear so he shortened the 2.60-metre chassis of his personal Boano GT by 20 cm and set the engine further back in the chassis to reduce the height of the bonnet and increase the weight on the rear axle. Taking advantage of the Turin university wind tunnel and the factory's (a pretty rustic tool created by Forghieri), he took particular care with the circulation of the air flow in

2643 GT. 24 Heures du Mans 1961. Considérée comme la préfiguration de la GTO, la Berlinette Sperimentale 2643 GT, engagée par l'usine et confiée à Tavano-Baghetti, ne fit pas la course que l'on attendait d'elle. Septième après quatre heures de course, elle abandonna à très exactement 4 h 15 du matin sur surchauffe moteur et pression d'huile. On remarquera la présence d'un essuie-glace de dépannage sur le toit. Elle reviendra. (Bernard Cahier, The Cahier Archive)

2643 GT. 1961 Le Mans 24 Hours. The Berlinetta *Sperimentale* 2643 GT, considered as the forerunner of the GTO, entered by the factory and driven by Baghetti-Tavano did not perform as expected. After four hours it was lying seventh and it retired at 04:15 on Sunday morning with an overheated engine and oil pressure problems. But it would be back! Note the spare windscreen wiper on the roof. (Bernard Cahier/The Cahier Archive)

Moment historique: le 11 août 1961, Mairesse s'apprête à essayer le prototype de la GTO à Monza. Si ce ne sont pas ses premiers tours de roues, c'est la première fois qu'il est officiellement photographié. (Archives Ferrari, auteur inconnu)

A historic moment. On 11th August 1961, Willy Mairesse gets ready to test the GTO prototype at Monza. While it wasn't the car's first shakedown it was the first time it was officially photographed. (Archivio Ferrari – Autore sconoscuito)

Le 8 septembre 1961, Moss fut invité par Bizzarrini à prendre la mesure du prototype de la GTO en cours d'essai à Monza. On reconnaîtra parmi les acteurs ou les curieux entourant la voiture : Carlo Chiti en charmante compagnie, Rob Walker en chemise blanche et lunettes de soleil, et Lorenzo Bandini. (Bernard Cahier, The Cahier Archive)

On 8th September 1961, Bizzarrini asked Moss to test the prototype of the GTO during practice at Monza. Among the curious onlookers surrounding the car are: Carlo Chiti in charming company, a white-shirted Rob Walker wearing sunglasses and Lorenzo Bandini. (Bernard Cahier/ The Cahier Archive)

POLIZIA
DUNLOP

soin particulier. Afin d'optimiser le refroidissement, l'avant plongeant est percé d'un total de six ouïes, placées à raison de trois de part et d'autre d'une calandre oblongue. L'arrière, qui ne manquera pas d'être modifié, notamment au niveau de la partie supérieure des ailes, est pour l'heure ramassé et rehaussé.

Pour préserver un maximum de discrétion, la carrosserie, en aluminium, est frappée à Maranello. Selon Bizzarrini, le prototype (parfois connu sous le nom de Papera) est essayé à Modène par Baghetti au début du mois d'août et, toujours à Modène, par Fangio (avec Bizzarrini à ses côtés) lors d'une visite de l'Argentin chez Ferrari. Mairesse l'essaie à Monza le 11 août, puis le 8 septembre, dans le cadre des essais du Grand Prix d'Italie. Profitant de la présence de Moss, Bizzarrini lui demande d'en prendre le volant le temps d'un galop d'essai. Sa démonstration stupéfie : après une brève prise en main, Moss tourne en 1' 45" 4. Six secondes de moins que le temps de 1' 51" 2 réalisé par Abate (250 GT SWB) lors des essais de la Coppa Inter-Europa, le lendemain !

Une performance prometteuse, mais à mettre autant au crédit d'un pilote, alors au sommet de son art, qu'au potentiel d'une voiture qu'il a jugée "difficile à conduire". Car ne doutons pas qu'il fut à l'ouvrage pour tirer le maximum d'un prototype instable, particulièrement dans les virages rapides, selon Bandini. Bizzarrini n'ira pas plus loin, avec Ferrari s'entend. Continuer le développement de la GTO sera du ressort de Mauro Forghieri.

Un véritable cauchemar

Son entrée en matière est brutale : lors d'un essai mené par Mairesse sur une portion de l'Autostrada del Sole reliant Bologne à Florence, une saute de vent au sortir d'un tunnel projette le prototype contre une barrière. La voiture est légèrement endommagée. Mairesse, dont le jugement en tant qu'essayeur est sûr, mais que l'on dit impétueux, s'attire immédiatement le blâme. La vérité est que l'essieu arrière, tenu de chaque côté par deux demi-tirants et un ressort à lames semi-elliptique (un ressort hélicoïdal complète la suspension), manque de rigidité (jouer sur un levier attaché au pont suffit à le révéler).

La fabrication des 3223 GT et 3387 GT, premiers exemplaires d'une GT alors en instance d'homologation,

the engine compartment and its extraction. To optimise cooling a total of six air intakes were made in the plunging nose three above and three below an oblong grille. He also made major modifications to the rear of the car, to the upper part of the wings in particular, raising it for the moment and giving it a stubbier shape.

To ensure maximum secrecy the aluminium bodywork was shaped in Maranello. According to Bizzarrini, the prototype (sometimes known as the *Papera*) was tested by Baghetti at Modena at the beginning of August, and also by Fangio (with Bizzarrini alongside him in the cockpit) at Modena when the Argentinean was visiting Ferrari. Mairesse tested it at Monza on 11th August and again on 8th September in the context of practice for the Italian Grand Prix. Stirling Moss was present so Bizzarrini asked him to take it for a run. He was over the moon after Moss's test. Once Stirling had got the hang of the car he lapped in 1m 45.4s, almost six seconds quicker than the 1m 51.2s set by Abate (250 GT SWB) during practice for the Coppa Inter-Europa the next day!

It was a promising performance as much down to the skills of a driver who was at his brilliant best as to the potential of a car that Moss judged as being difficult to handle, because it goes without saying that he had to work hard to get the most out of an unstable prototype, especially in quick corners according to Bandini. This, though, was as far as Bizzarrini's collaboration with Ferrari would go. It was Mauro Forghieri who continued the development of the GTO.

A real nightmare

Its career got off to a pretty brutal start. When Mairesse was testing it on a section of the "Autostrada del Sole" linking Bologna and Florence, a gust of wind on the exit from a tunnel blew the prototype into a barrier damaging it slightly. Mairesse, who was known as a skilled test driver, also had a reputation for being a bit hot-headed was immediately blamed. The truth was that the rear axle secured on each side by two tie-rods and a semi-elliptic spring plus a heliocoidal spring to complete the suspension lacked rigidity (playing on a lever attached to the axle was enough to reveal it).

n'en est pas moins commencée. (La presse spécialisée ne parle pas encore de GTO. *Omologato*, ou homologuée, elle le deviendra après l'acceptation par l'Automobile Club d'Italie de la demande d'homologation de la GT signifiée par la lettre O.)

Dans *Modena Racing Memories*, Graham Gauld nous livre l'état d'esprit de Forghieri auquel incombe la recherche d'une solution : "Je peux vous dire que la GTO fut un véritable cauchemar pour moi. Giotto Bizzarrini, qui a dessiné la voiture avant de quitter Ferrari, aurait peut-être effectué ces changements. Je ne sais pas, mais ce n'était pas seulement le problème d'une voiture. Nous avions vingt-cinq voitures en pièces détachées attendant d'être montées pour que la GTO soit homologuée par la FIA. Je n'ai pas vraiment très bien dormi durant cette période jusqu'à ce que le problème soit résolu."

Comprenons, grâce à l'utilisation d'un mécanisme de Watt relié au différentiel et au châssis. Les ressorts hélicoïdaux, dont l'utilité fait débat, sont conservés puisque portés sur la fiche d'homologation.

Quoi qu'il en soit, les jeux sont faits et les événements se précipitent : le 5 décembre 1961, Mairesse essaie la 3223 GT à Monza, et le 24 février 1962 elle est présentée à la presse pendant que la 3387 GT est en cours d'assemblage. Le 10 mars, Bandini est au volant de la 3387 GT sur la piste milanaise. Enzo Ferrari, Forghieri et Dragoni sont présents. À moins de deux semaines des 12 Heures de Sebring, première manche du Championnat mondial de vitesse et d'endurance, l'ambiance est tendue. Mais, en se montrant plus rapide que Moss sur un tour, Bandini rassura. Avec raison.

Even so the manufacturing of 3223 GT and 3387 GT, the first models of a GT that was in the process of being homologated, had already begun (the specialised press did not yet use the expression GTO). But it was soon to be the case after the homologation request for the GT signified by the letter O (Omologato) was accepted by the Italian Automobile Club.

In *Modena Racing Memories*, Graham Gauld gives us an idea of the state of mind of Forghieri who had to find a solution: "I can tell you the GTO was a tremendous nightmare for me. Perhaps Giotto Bizzarrini, who designed the car before leaving Ferrari, should have made these changes, I don't know, but it was not just a problem with one car. We had 25 cars in bits waiting to be built, so the GTO could be homologated by the FIA. I didn't really sleep very well during that period until the problem was solved."

What he meant by solution was the application of a Watts' mechanism linked to the differential and the chassis. The helicoidal springs, whose use was questioned, were retained as they were on the homologation form.

In any case the die had been cast and things speeded up. On 5th December Mairesse tested 3223 GT at Monza and it was presented to the press on 24th February 1962 while 3387 GT was being assembled. On 10th March Bandini was at the wheel of 3387 GT on the Milan circuit. Enzo Ferrari, Forghieri and Dragoni were present. With less than two weeks to go to the Sebring 12 Hours, the first round of the World Speed and Endurance Championship, the ambience was pretty tense. But as Bandini lapped even quicker than Moss he put everybody's mind at rest. And with good reason!

Une légende en construction

Forging the legend

Les 12 Heures de Sebring

The Sebring 12 Hours

En 1962, Sebring, ville située au centre de la Floride, est en pleine expansion. Prisée des retraités qui goûtent sa tranquillité, elle bruisse en mars des vrombissements des participants à une course d'endurance, chaque année remise en question, mais qui perdure grâce à la foi obstinée d'un ingénieur en aéronautique d'origine russe, Alec Ulmann. En 1950, année où il assista aux 24 Heures du Mans, il eut l'idée de tracer, sur une partie du terrain de l'aérodrome jouxtant la périphérie de Sebring, un circuit où pourraient se dérouler des courses d'endurance à l'européenne. Le 31 décembre 1950, une course de six heures y est disputée, l'année suivante sa durée est doublée. Avec un départ donné à 10 heures et une arrivée au début de la nuit, les 12 Heures de Sebring ont trouvé un format qui portera la FIA, par le biais de sa CSI, à l'inscrire en ouverture de son nouveau Championnat du monde des constructeurs, le 8 mars 1953.

In 1962, Sebring a town in the centre of Florida was undergoing rapid expansion. It was a magnet for retired people who loved its tranquility. In March, however, it echoed to the roar of cars entered in an endurance race whose organisation was disputed every year, but which survived thanks to the stubbornness of an aeronautics engineer of Russian origin, Alec Ulmann. In 1950, when he attended the Le Mans 24 Hours he had the idea of creating a circuit on part of the terrain of the airport adjacent to the periphery of Sebring on which European-style endurance races could be held. A 6-hours event took place there on 31st December 1952 and the following year its duration was doubled. Helped by the recommendations of the CSI, the FIA liked its format with the start given at 10:00 in the morning and the finish early on in the night, and made the Sebring 12 Hours on 8th March 1953 the first event on the calendar of its new World Championship for Manufacturers.

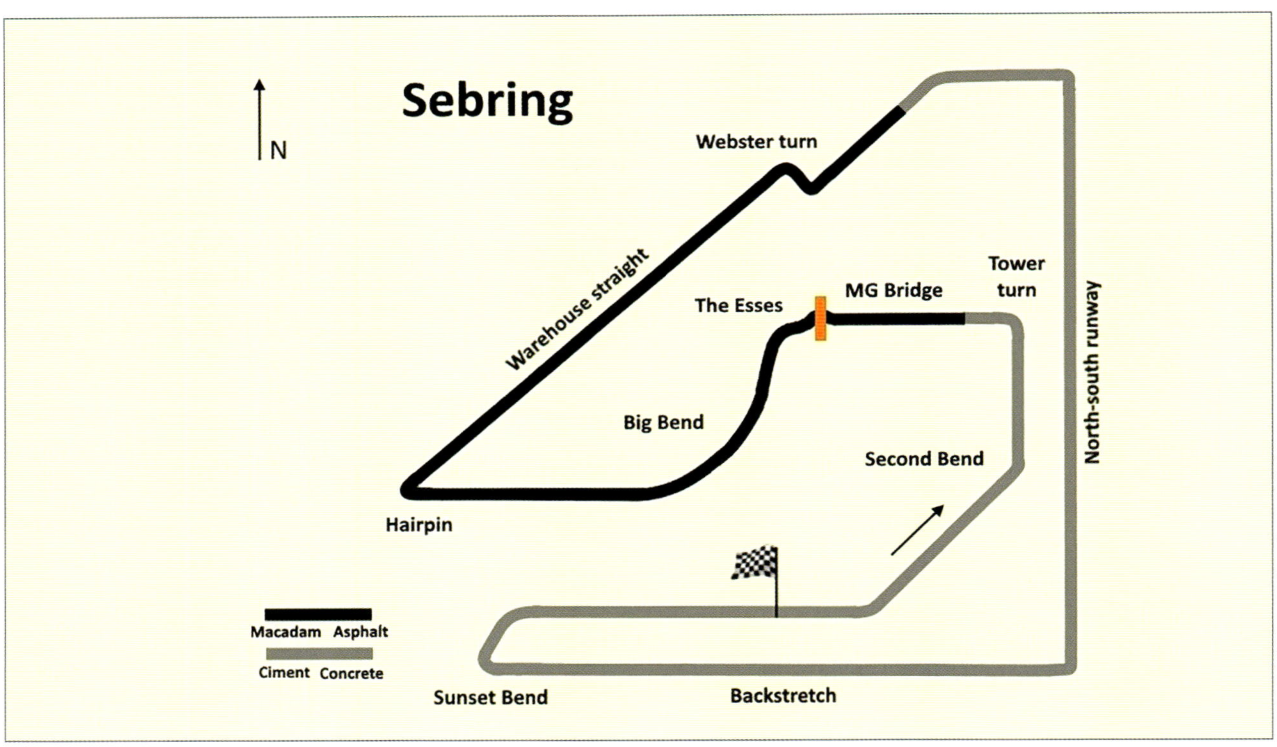

24 mars 1962

Laissant aux écuries privées le soin de défendre ses couleurs en catégorie Sport, Ferrari confie à Luigi Chinetti celui de faire débuter en championnat du monde l'unique GTO inscrite, avec pour objectif de terminer la course, si possible première de la catégorie 3 litres, celle qui importe pour les points. Sans réelle opposition (on compte quatre Ferrari Berlinette, dont la 2643 GT, et deux Triumph TR4), le tandem Hill-Gendebien, déjà deux fois victorieux en Floride, va s'acquitter de cette tâche aussi sagement que possible pour terminer deuxième de l'épreuve à dix tours de la 250 TRI de Bonnier-Bianchi.

24th March 1962

Ferrari left it up to private teams to defend his colours in the Sport category. He gave Luigi Chinetti the task of debuting the only GTO entered with the aim of finishing the race if possible in first place in the 3-litre category, the one that counted for the awarding of points. P. Hill-Gendebien who had no opposition worthy of the name (four Ferrari Berlinettas including the 2643 GT and two Triumph TR4s), already two-time winners in Florida, did the job in a very professional manner finishing second overall 10 laps behind the Bonnier-Bianchi 250 TRI.

Résultats

250 GTO - 3387 GT n° 24.

NART. Phil Hill-Olivier Gendebien. 2e - 1er GT 3.0.

3387 GT. Les plus rapides aux essais, mais les auteurs d'une course sage, Phil Hill et Olivier Gendebien sont en route pour offrir à la 3387 GT, et à Ferrari, les neuf points attribués aux premiers de la Division III. Et comme ces points s'ajoutent à ceux obtenus par Moss le 11 février à Daytona, quatrième avec la Berlinette Sperimentale 2643 GT, voilà Maranello bien parti pour un nouveau titre mondial. (Archives Ferrari, auteur inconnu)

3387 GT. Phil Hill and Olivier Gendebien were quickest in practice, but drove a cautious race to claim the nine points awarded in Division III for 3387 GT and Ferrari. As these points were added to those scored by Moss on 11th February at Daytona with fourth place in the Berlinetta *Sperimentale* 2643 GT, Maranello was already well on the way to another world title. (Archivio Ferrari – Autore sconosciuto)

23 mars 1963

Sept Chevrolet Corvette Sting Ray, six Cobra (Shelby et AC), quatre Jaguar E, attendue, souvent différée, la menace américano-britannique est en GT nombreuse et sérieuse. D'autant qu'elle s'appuie sur Foyt (Chevrolet Corvette), Phil Hill et Gurney (Shelby Cobra) ou encore McLaren (Jaguar E Lightweight) pour disposer de six GTO privées et d'une Berlinette 330 LM (4381 SA) d'usine confiée à Parkes et Bandini. Commencée brillamment, avec Phil Hill en tête dès le départ, l'offensive américaine se poursuit par Chaparral (Hall-Sharp), Corvette et Cobra interposées. Elle ne tardera pas à s'essouffler et à disparaître. Parkes s'est retiré après un feu de paille de quatre heures, réservoir crevé à la suite d'une sortie de route.

À la mi-course, la 330 TRI/LM du NART (Rodriguez-Graham Hill) est en tête devant les 250 P d'usine (Surtees-Scarfiotti et Mairesse-Vaccarella) et la GTO de Penske-Pabst. Gurney, en proie à une boîte de vitesses récalcitrante, est cinquième (déterminé à faire la course seul, l'Américain connaîtra des ennuis de direction et heurtera un trottoir avec pour résultante deux heures de réparation). La Jaguar de McLaren-Hansgen est sixième. Les Corvette, après avoir dominé les GTO au départ, ont abandonné ou sont à la dérive (Dick Thompson, après avoir repris celle de Black-Lowther, réussira à se hisser devant la GTO de Penske-Pabst avant une rupture de joint de culasse à une heure de la fin). Les Ferrari dès lors sans adversaires, Dragoni organisait leur classement en vue de l'arrivée, laissant Surtees-Scarfiotti l'emporter devant Mairesse-Vaccarella-Bandini. Première de la catégorie GT, la GTO de Penske-Pabst termine quatrième derrière la 330 TRI/LM du NART.

23rd March 1963

With seven Chevrolet Corvette Sting Rays, six Cobras (Shelby and AC), four E-Type Jaguars whose expected arrival had been put off on several occasions, the Anglo-American armada backed up by numbers posed a serious threat in GT. All the more so as it was led by A.J Foyt (Chevrolet Corvette), Phil Hill and Dan Gurney (Shelby Cobras) and Bruce McLaren (light-weight E-Type Jaguar) whose aim was to beat six privately-entered GTOs and a works Berlinetta 330 LM (4381 SA) for Mike Parkes and Lorenzo Bandini. The American offensive got off to a brilliant start as Phil Hill jumped into the lead when the flag dropped and continued to hold first place, but then fell back with the Jim Hall-Hap Sharp Chaparral, Corvette and Cobra taking up the slack. The Anglo-American assault soon petered out before falling apart completely. Parkes retired after a scintillating display that lasted only four hours due to a punctured radiator following an off-course excursion.

At half distance, the NART-entered 330 TRI/LM (Rodriguez-Graham Hill) was in the lead in front of the works 250 Ps (Surtees-Scarfiotti and Mairesse-Vaccarella) and the Roger Penske-Augie Pabst GTO. Gurney who was having problems with a sticky gearbox was fifth (the American was determined to do the race single-handed and suffered steering issues after hitting a pavement losing two hours for repairs). The McLaren-Hansgen E-Type was sixth. After dominating the GTOs at the start the Corvettes either retired or lost ground, although Dick Thompson took over the one driven by Black-Lowther and managed to get back in front of the Penske-Pabst GTO until slowed an hour from the flag by cylinder head gasket

Résultats

250 GTO - 3987 GT n° 24. Mecom Racing Team. Roger Penske-Augie Pabst. 4e - 1er GT 3.0.

250 GTO - 3445 GT n° 26. Republic of Argentina. Carlo Mario Abate-J. M. Bordeu. 5e.

250 GTO - 3589 GT n° 25. Rosebud Racing Team. Richie Ginther-Innes Ireland. 6e.

250 GTO - 4219 GT n° 28. NART. Jo Bonnier-John Cannon. 13e.

250 GTO - 3767 GT n° 29. David Piper. Ed Cantrell-David Piper. 14e.

250 GTO - 3223 GT n° 32. NART. Charlie Hayes-Doug Thiem. 18e.

issues. This left the Ferraris without any real opposition so Dragoni froze their positions as the finish approached gifting victory to Surtees-Scarfiotti from Mairesse-Vaccarella-Bandini. The Penske-Pabst GTO winner of the GT category came home fourth in front of the NART 330 TRI/LM.

3987 GT. Difficile de reconnaître la 3987 GT du NART qui courut à Montlhéry avec les frères Rodriguez. Depuis, Ricardo a été emporté lors des essais du Grand Prix du Mexique, et la GTO est en Floride sous les couleurs du Mecom Racing Team de Houston. On remarquera le phare additionnel sur le capot. La 3589 GT du Rosebud Racing Team, autre écurie texane, est à ses côtés. (Bernard Cahier, The Cahier Archive)

3987 GT. Difficult to recognise the NART 3987 GT, which raced at Montlhéry driven by the Rodriguez brothers. Since then, Ricardo had been killed in practice for the Mexican Grand Prix and the GTO was competing in Florida in the colours of the Houston-based Mecom Racing Team. Notice the additional headlight mounted on the bonnet. Alongside it is 3589 GT entered by the Rosebud Racing Team, another Texan outfit. (Bernard Cahier/The Cahier Archive)

MARTINI & ROSSI
GULF

Les américaines d'abord! Derrière les trois Chevrolet Corvette Sting Ray qui ont pris la tête, la Cobra n° 12 de Phil Hill organise la chasse (il sera menaçant jusqu'au moment de connaître des ennuis de freins), tandis que la Chaparral n° 9 de Jim Hall tente de s'élancer. Conséquence d'un départ donné dans l'ordre décroissant des cylindrées, les Ferrari sont invisibles ou très loin. (Bernard Cahier, The Cahier Archive)

Les rangs se sont éclaircis et la Sting Ray de Johnson-Morgan, la Chaparral de Hall-Sharp et la 3445 GT d'Abate-Bordeu viennent de passer sans encombre sous la passerelle Martini et Rossi. La Jaguar E de Kimberly-Richards suit. L'équipage italo-argentin sera celui qui s'en sortira le mieux avec une cinquième place. (Bernard Cahier, The Cahier Archive)

Americans first! The no. 12 Cobra driven by Phil Hill is in hot pursuit of the three Chevrolet Corvette Sting Rays, which have taken the lead. He was a threat until he suffered brake problems while the no. 9 Chaparral tries to get back up to speed. As a result of the start given according to decreasing cubic capacity the Ferraris are out of shot or far behind. (Bernard Cahier/The Cahier Archive)

The field has started to thin out and the Johnson-Morgan Sting Ray, the Hall-Sharp Chaparral and 3445 GT driven by Abate-Bordeu have just passed under the Martini & Rossi footbridge without a hitch followed by the Kimberly-Richards E-Type Jaguar. The Italo-Argentinean duo scored the best result with fifth place. (Bernard Cahier/The Cahier Archive)

Une rencontre à Sebring entre un Anglais, David Piper (à gauche), ayant besoin d'argent pour s'acheter une nouvelle GTO, et un Américain, Ed Cantrell, "versé dans le commerce de vieux avions, portant des chaussures en crocodile, possédant des night-clubs plein de poulettes" et qui lui dit : "J'achète votre voiture, je vous paie le prix que vous demandez, je vous apprends à voler sur ma piste, et vous faites les 12 Heures de Sebring avec moi." (Déjeuner avec... David Piper. *Motor Sport*). Ce fut fait et l'histoire connut une suite. (Bernard Cahier, The Cahier Archive)

A meeting at Sebring between Englishman David Piper (left) who needed cash to buy a new GTO and American, Ed Cantrell: "But I needed the money to buy my next GTO, so I did a deal with an American, Ed Cantrell. He bought and sold old aircraft, wore crocodile shoes, had nightclubs full of dolly birds. He said, 'I'll buy your car, I'll pay you the asking price, I'll teach you to fly at my airfield, and you can do the Sebring 12 Hours with me.'" (Lunch with David Piper. Motor Sport). The deal was duly done and there was a sequel to this story. (Bernard Cahier/The Cahier Archive)

3987 GT. Troisième à la fin de la première heure derrière la Ferrari 330 TRI/LM de Rodriguez-Graham Hill et la Cobra de Phil Hill (qui ne tardera pas à s'essouffler), la 3987 GT cédera son rang à la Ferrari de Mairesse-Vaccarella. À la mi-course, et alors que l'on compte huit Ferrari aux dix premières places, elle tiendra à distance la Cobra de Gurney (qui n'a pas été relayé selon sa volonté), puis contiendra la Jaguar E de McLaren-Hansgen, après l'immobilisation du coupé américain pour réparation, Gurney ayant heurté un trottoir. Elle terminera quatrième et première des GT. (Bernard Cahier, The Cahier Archive)

3987 GT. 3987 GT, which was third at the end of the first hour behind the Rodriguez-Graham Hill Ferrari 330 TRI/LM and Phil Hill's Cobra that soon fell back, lost its place to the Mairesse-Vaccarella Ferrari. At half distance when there were eight Ferraris in the first 10 places it fended off the Cobra of Dan Gurney (who had not been relayed in keeping with his wishes), and then fought off the McLaren-Hansgen E-Type Jaguar after the American coupe had been immobilised for repairs following Gurney's contact with the pavement. It saw the chequered flag in fourth place and first of the GTs. (Bernard Cahier/The Cahier Archive)

Vu à ses débuts, en 1948, sur Alfa Romeo Giulietta et Borgward, Joakim Bonnier commença en monoplace sur Maserati 250 F et remporta le Grand Prix de Hollande 1959 sur BRM. En 1960, après une victoire au Grand Prix d'Allemagne F2 sur Porsche, il s'orienta presque exclusivement vers l'endurance. À la date du 23 mars 1963, celle de cette photographie prise avant le départ des 12 Heures de Sebring, il compte une victoire sur Porsche à la Targa Florio 1960, associé à Hans Herrmann, et une autre sur Ferrari aux 12 Heures de Sebring 1962, avec Lucien Bianchi. Bonnier disparut en course lors des 24 Heures du Mans 1972, à l'âge de 42 ans. Au cours de sa carrière riche et exceptionnellement longue, il disputa six cents courses, dont cent neuf Grands Prix. (Bernard Cahier, The Cahier Archive)

4219 GT. La 4219 GT, engagée par le NART et livrée aux mains du Suédois Bonnier et du Canadien Cannon, fit une prestation des plus effacées. Elle termina treizième à vingt-trois tours des vainqueurs. (Bernard Cahier, The Cahier Archive)

Joakim Bonnier made his debut in 1948 in Alfa Romeo Giuliettas and Borgwards. His first outing in single-seaters was in a Maserati 250 F and in 1959 he won the Dutch Grand Prix in a BRM. In 1960, after winning the German F2 Grand Prix in a Porsche he devoted himself almost exclusively to endurance racing. On 23rd March, the date of this photo taken before the start of the Sebring 12 Hours he had scored victory in the Targa Florio in a Porsche with Hans Herrmann and another in a Ferrari in the 1962 Sebring 12 Hours with Lucien Bianchi. Bonnier was killed in the 1972 Le Mans 24 Hours aged 42. During his long and exceptionally rich career he competed in 600 races including 119 Grands Prix. (Bernard Cahier/The Cahier Archive)

4219 GT. 4219 GT entered by NART for Swede Jo Bonnier and Canadian John Cannon put on a solid performance. It finished 13th, 23 laps behind the winners. (Bernard Cahier/The Cahier Archive)

28

GULF
TRIUMPH
29

29

4381 SA. S'il est entendu qu'elle ne fut pas une GTO mais l'une des quatre Berlinettes 330 LM construites en 1963, la 4381 SA nous permet de nous familiariser avec quelques-uns des pilotes qui se dévouèrent corps et âme pour Maranello : Mike Parkes, prêt à prendre le volant, Lorenzo Bandini, assis en face de Forghieri, et, en combinaison, Richie Ginther. Et preuve que rien n'est exagéré, selon le témoignage d'Ozzie Lyons de la revue *Autosport*, Bandini éclata en sanglots quand il vit la voiture poussée hors des stands après son abandon, réservoir crevé par un arbre lors d'une sortie de route de Parkes peu après la passerelle MG.
(Bernard Cahier, The Cahier Archive)

4381 SA. While we know that it wasn't a GTO but one of the four 330 LM Berlinettas built in 1963, 4381 SA gives us a glimpse of one of the drivers who was completely devoted to Maranello, Mike Parkes, getting ready to take over. Lorenzo Bandini is seated opposite Forghieri and Richie Ginther is in his overalls. And proof that nothing is exaggerated because of the statement in Autosport of Ozzie Lyons Bandini burst into tears when he saw his car pushed away from the pits after its retirement due to the fuel tank being punctured by a tree when Parkes went off after the MG bridge. (Bernard Cahier/The Cahier Archive)

3767 GT. Avec Piper et Cantrell (coéquipier de dernière minute puisque ne figurant pas sur la liste des engagés), la 3767 GT fit une course anonyme et termina quatorzième. Elle est ici, dans sa livrée verte et jaune, sur le point d'être doublée par la 250 P de Mairesse-Vaccarella, puis aux prises avec la 3445 GT d'Abate-Bordeu, avec Piper au volant.
(Bernard Cahier, The Cahier Archive)

3767 GT. Driven by David Piper and Ed Cantrell (last-minute team-mate as he was not on the entry list) 3767 GT finished 14th after a low-key race. Here the car in its green and yellow livery is about to be lapped by the Mairesse-Vaccarella 250 P and then battling with 3445 GT driven by Abate-Bordeu, with Piper at the wheel. (Bernard Cahier/The Cahier Archive)

21 mars 1964

Cinq GTO, contre dix Cobra, les jeux paraissent faits. Et ils le sont, dès les essais, où la plus rapide des GT italiennes, la GTO 64 de Guichet-Abate, tourne en 3' 21" 40 contre 3' 12" 80 pour le coupé Cobra du tandem Holbert-MacDonald ! Consolation, en signant en Sport un triplé avec la victoire à la régulière de Parkes-Maglioli (275 P), devant Scarfiotti-Vaccarella (275 P) et Surtees-Bandini (330 P), Maranello peut raisonnablement prétendre à une nouvelle victoire dans la Sarthe, mais douter en GT quand le tandem Guichet-Abate (le plus rapide des GTO 64) ne se montra jamais menaçant avant sa disqualification, et que la 5571 GT de Piper-Gammino, assistés en cours d'épreuve par Rodriguez, certes première des GT 3.0, ne put faire mieux que terminer septième, derrière trois Cobra, dont celle de Holbert-MacDonald (quatrième au général et première de la catégorie GT).

21st March 1964

With five GTOs up against 10 Cobra it looked like the result was a foregone conclusion. And so it turned out as in practice the quickest of the Italian GTs, a GTO 64 driven by Guichet-Abate lapped in 3m 21.40s compared to 3m 12.80s for the Cobra coupe of Holbert-MacDonald! Consolation for Maranello came in the form of a triple in the Sport category in which Parkes-Maglioli (275 P) led home Scarfiotti-Vaccarella (275 P) and Surtees-Bandini (330 P). While it looked like outright victory in the Sarthe would go to Ferrari a question mark hung over the GT category. Guichet-Abate, the quickest of the GTO 64s, were never a threat before being disqualified. 5571 GT driven by Piper-Gammino given a helping hand by Pedro Rodriguez during the race was the first of the 3.0 GTs, but could do no better than seventh behind three Cobras including the category winner driven by Holbert-MacDonald, which came fourth overall.

Résultats

250 GTO 64 - 5571 GT n° 30.
NART. D. Piper-M. Gammino-P. Rodriguez. 7e - 1er GT 3.0.

250 GTO - 4713 GT n° 29.
NART. Bob Grossman-Dick Thompson. 15e.

250 GTO - 3223 GT n° 82.
Larry Perkins. Bill Eve-Larry Perkins. 27e.

250 GTO - 3767 GT n° 32.
Angels Aviation Racing Team. Ed Cantrell-Harry Heuer-Don Yenko. 28e.

250 GTO 64 - 5573 GT n° 31.
Ferrari. Carlo Mario Abate-Jean Guichet. Disc. \ Disq.

Le départ vient d'être donné à des concurrents placés dans l'ordre de leur meilleur temps aux essais et les plus véloces sont déjà passés. Derrière, la 5573 GT d'Abate-Guichet (n° 31) emmène la meute des poursuivants, soit pour les Ferrari les plus facilement identifiables : la 5571 GT de Piper-Gammino (n° 30), la 250 LM d'O'Brien-Kolb (n° 28) et la 3223 GT d'Eve-Perkins (n° 82). (Bernard Cahier, The Cahier Archive)

5571 GT. Pilotée officiellement par Piper et Gammino, épaulés par Pedro Rodriguez après l'abandon de la Ferrari 330 P du NART, la 5571 GT subit le joug des Cobra et livra une performance anonyme sanctionnée par une septième place, mais première de sa catégorie. L'aile avant droite porte les traces d'un accrochage survenu dès le départ avec la Porsche de Ryan-Bencker. (Bernard Cahier, The Cahier Archive)

The start has just been given with the drivers lined up according to the fastest times in practice and the quickest have already vanished out of sight. Behind, 5573 GT driven by Abate-Guichet (no. 31) leads the pursuers among which are the following most easily identifiable Ferraris: 5571 GT of Piper-Gammino (no. 30), the O'Brien-Kolb 250 LM (no. 28) and 3223 GT driven by Eve-Perkins (no. 82). (Bernard Cahier/The Cahier Archive)

5571 GT. Driven officially by Piper and Gammino with a little help from Pedro Rodriguez after the NART Ferrari 330 P retired, 5571 GT was dominated by the Cobras and put on a low-key performance resulting in seventh place overall and first in its category. The right-hand front wing bears the traces of a collision with the Ryan-Bencker Porsche at the start. (Bernard Cahier/The Cahier Archive)

Gulf

Gulf
CHAMPION
30

29
29

Gulf
DEPENDABLE
CHAMPION
SPARK PLUGS
29

3223 GT. Conduite par Bill Eve et Larry Perkins (son propriétaire), la 3223 GT disputait en 1964 les 12 Heures de Sebring pour la deuxième fois de sa carrière. Vingt-troisième sur la grille de départ, vingtième à la fin de la première heure, elle finit au vingt-septième rang, avec une calandre plus enfoncée. Elle devance ici la Porsche 356 B de Cassel-Sesslar, qui se classa douzième. (Bernard Cahier, The Cahier Archive)

3223 GT. In 1964, 3223 GT driven by Bill Eve and Larry Perkins (its owner), was having its second outing in the Sebring 12 Hours. It was 23rd on the grid, 20th at the end of the first hour and it saw the flag in 27th place even though the grille suffered even more severe damage. Here it leads the Cassel-Sesslar Porsche 356 B that came home 12th. (Bernard Cahier/The Cahier Archive)

4713 GT. Engagée par le NART, confiée à Grossman et Thompson, la 4713 GT, seizième à l'issue des essais, vingtième à la mi-course, onzième à la dixième heure, puis quinzième à l'arrivée, ne fit pas en Floride la course que l'on attendait d'elle. Ce qui fut une déconvenue après sa superbe prestation aux 2 000 Kilomètres de Daytona. (Bernard Cahier, The Cahier Archive)

4713 GT. Entered by NART for Grossman and Thompson, 4713 GT, 16th after practice, 20th at half distance 11th in the 10th hour and 15th at the finish, did not achieve the performance expected of it. It was a letdown after its superb showing in the Daytona 2000 kilometres. (Bernard Cahier/The Cahier Archive)

3767 GT. Mal partie (quarantième après une heure de course), la 3767 GT (Cantrell-Heuer-Yenko) atteignit la vingt-deuxième place aux deux tiers de la course ; elle se classa vingt-huitième après avoir parcouru cent cinquante-quatre tours. Elle est ici sur le point d'être doublée par la Cobra de Ken Miles (au volant) et Morton. (Bernard Cahier, The Cahier Archive)

3767 GT. Although 3767 GT's race got off to a bad start (40th after one hour's racing) Cantrell-Heuer-Yenko had fought their way up to 22nd place at two-thirds distance. The car finished in 28th spot after covering 154 laps. Here it is about to be overtaken by Ken Miles (at the wheel) and John Morton's Cobra. (Bernard Cahier/The Cahier Archive)

5573 GT. Pilotée à la perfection par Guichet et Abate, la 5573 GT, la plus rapide des GTO aux essais comme en course, ne fut jamais en mesure de menacer les GT américaines. Au moment de sa disqualification pour changement illicite de batterie sur le circuit, elle occupait la onzième place derrière quatre Cobra et avait concédé trois tours à celle de Gurney, la plus rapide d'entre elles. (Bernard Cahier, The Cahier Archive)

5573 GT. Driven flawlessly by Guichet and Abate 5573 GT, the quickest of the GTOs in both practice and the race, was never in a position to threaten the American GTs. When it was disqualified for an illegal battery change out on the circuit it was lying 11th behind four Cobras and had conceded three laps to the quickest of them driven by Dan Gurney. (Bernard Cahier/The Cahier Archive)

La Targa Florio

The Targa Florio

La sicilienne Targa Florio, à l'image de l'épreuve floridienne, est née de la passion d'un homme, Vincenzo Florio. Mais si ce dernier voulut, comme l'Américain, créer une course innovante, l'analogie s'arrête là, car comment imaginer entre les deux circuits une rupture plus brutale : d'un côté, un tracé artificiel, plat, éprouvant certes, mais dans la durée, de l'autre un tracé naturel, sinueux, tourmenté, saisi entre flanc de colline et précipice. Enzo Ferrari y disputa ses premières courses, avant d'aider Nuvolari à bâtir sa légende et à faire éclore la sienne en tant que constructeur. Le temps et la raison ont eu raison des parcours d'antan. Tracé en 1906, le Grand circuit des Madonies (148,823 km) est devenu moyen (108 km) et finalement petit (72 km), depuis 1951. En 1962, ce sont donc Cerda, Caltavuturo, Scillato, Collesano, Campofelice que traverse le "Piccolo circuito delle Madonie". Il sera à parcourir dix fois.

In much the same way as the Florida event the Targa Florio in Sicily was inspired by the passion of one man, Vincenzo Florio. While the latter like the American wanted to create an innovative race that was as far as the analogy went as it was difficult to imagine a more brutal contrast: on the one hand, an artificial flat layout that was a real test for cars but over a long distance; on the other, a twisty gruelling circuit laid out between hillsides and precipices. Enzo Ferrari had competed in his first races on it before helping Nuvolari to forge his legend and sow the seeds of his own as a manufacturer. Time and reason have sounded the death knell of these former courses: the big Madonies circuit (148,823 km) became a medium-sized one (108 km) and finally a small (!) layout (72 km) in 1951. In 1962, the "Small" circuito delle Madonie" crossed through Cerda, Caltavuturo, Scillato, Collesano, and Campofelice 10 times.

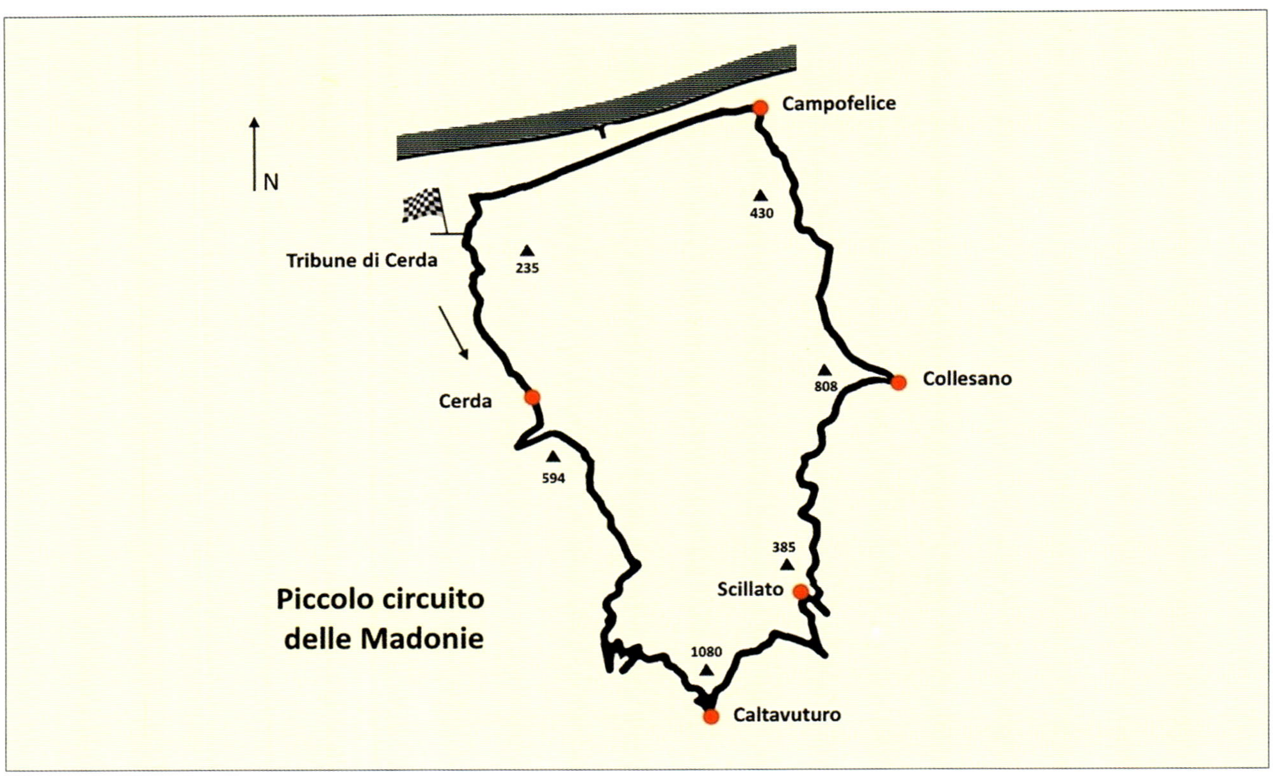

6 mai 1962

Une GTO et sept 250 GT SWB (inscrites), pour Ferrari, la course en GT 3.0 paraît gagnée d'avance. Quelque huit mille courbes ou virages plus tard (la plus longue ligne droite fait cinq kilomètres), c'est chose faite : Scarlatti, qui conduisit neuf tours sur dix, et Pietro Ferraro, l'un des meilleurs clients de Maranello, peuvent s'enorgueillir d'être entrés dans l'histoire de la marque en offrant à la GTO sa première victoire sur le continent. Un bémol cependant, en terminant derrière une Porsche 718 GTR de 2 litres, Maranello venait d'apprendre qu'en Sicile, comme ailleurs, l'agilité vaut (presque) autant que la puissance, d'autant que Bonnier et Vaccarella furent privés de freins quasiment depuis la mi-course ! C'est dire qu'en terminant derrière Mairesse-Rodriguez-Gendebien (Dino 246 SP) et sur les talons de la Dino 2 litres (196 SP) de Baghetti-Bandini, Stuttgart se prenait à espérer bien davantage.

6th May 1962

With one GTO and seven 250 GT SWBs entered, Ferrari seemed to have the race in 3.0 GT sewn up in advance. Around 8000 corners or curves later (the longest straight measured five kilometers) it was all done and dusted. Scarlatti, who drove nine out 10 laps, and Pietro Ferraro, one of Maranello's best clients, could be proud of having their names go down in history by giving the GTO its first victory in Europe. But there was one blot on Ferrari's copybook as by finishing behind a 2-litre Porsche 718 Maranello had just learned that in Sicily as elsewhere nimbleness was worth (almost) as much as power. Bonnier and Vaccarella were without brakes since half distance! By finishing behind Mairesse-Rodriguez-Gendebien (Dino 246 SP) and almost on the gearbox of the 2-litre Dino (196 SP) driven by Baghetti-Bandini, Stuttgart began to envisage greater things to come.

Résultats

250 GTO - 3451 GT. n° 86.

San Marco. Giorgio Scarlatti-Pietro Ferraro. 4e-1er GT 3.0.

3451 GT. Confiée à Scarlatti et au "gentleman-pilote" Ferraro, la 3451 GT fit ce jour-là une course brillante. Septième au premier tour, elle parvint à la deuxième place au quatrième passage avant de descendre au troisième rang à la mi-course, confiée alors et pour un tour seulement à Ferraro. Elle finit quatrième et première des GT. Mais pas dans cet état. (LAT)

3451 GT. In the hands of Scarlatti and gentleman-driver Ferraro, the 3451 GT put on a brilliant performance that day. It was seventh on lap 1 and fought its way up to second on lap 4 before falling back to third at half distance when Farraro took over for a lap. It finished fourth and first GT, but not in this state. (LAT)

5 mai 1963

"Pour gagner à la Targa Florio, une deux-litres suffit." Gageons que Ferrari, auquel on doit cette affirmation tenue lors de sa conférence de presse annuelle, ne pensait pas que la victoire absolue échapperait à celle du trio Bandini-Scarfiotti-Mairesse (Dino 196 SP) au profit de la Porsche 718 GTR de Bonnier-Abate. Une victoire qui doit beaucoup à un orage brutal et à la conséquence (capot arrière arraché) d'une glissade prolongée de Mairesse en tête à deux kilomètres de l'arrivée. Mais la course est ainsi faite. Pire encore, pouvait-il imaginer qu'aucune des quatre GTO au départ ne serait en mesure de s'opposer à la Porsche 2000 GS de Barth-Linge, troisième à l'arrivée et surtout première des GT ! Résultat : Grana-Bulgari terminaient quatrièmes, à douze secondes des Allemands ; et le tandem argentino-italien Bordeu-Scarlatti finissait sixième, derrière la 2000 GS de Pucci et Strähle. Une course décevante pour les GTO.

5th May 1963

"A two litre is enough to win the Targa Florio!" Let's wager that Ferrari who made this statement during his annual press conference did not think that outright victory would escape the Bandini-Scarfiotti-Mairesse Dino 196 SP, but it was beaten by the Bonnier-Abate Porsche 718 GTR. In fact, the German success was down to a sudden storm and the consequence (rear engine cover torn off) of a long slide by Mairesse in the lead only two kilometers from the finish. But that's racing. What was even worse was that he couldn't have imagined that none of the four GTOs at the start would be able to thwart the Barth-Linge Porsche 2000 GS that saw the flag in third place, but above all first in GT! Result: Grana-Bulgari finished fourth 12 seconds behind the Germans and the Italo-Argentinean duo of Bordeu-Scarlatti sixth behind the Pucci-Strähle 2000 GS. It was a disappointing day for the GTOs.

Résultats

250 GTO - 3413 GT n° 104.
Scuderia Sant'Ambroeus. Maurizio Grana-Gianni Bulgari. 4e-1er GT 3.0.

250 GTO - 3445 GT n°108.
Scuderia Centro Sud. Juan Manuel Bordeu-Giorgio Scarlatti. 6e.

250 GTO - 3647 GT n° 110.
Tommy Hitchcock. Tommy Hitchcock-Zourab Tchkotoua. 8e.

250 GTO - 3705 GT n° 112.
Alfio Nicolosi. Egidio Nicolosi-Luigi Taramazzo. 13e.

250 GTO - 3809 GT n° 106.
Von Csazy. Kalman von Csazy-Andrew Hedges. Forfait, sortie de route à l'entraînement. \ Withdrew, accident in practice.

3413 GT. Cinquième à la mi-course, troisième en vue de l'arrivée, la 3413 GT de Grana-Bulgari pouvait prétendre terminer devant la Porsche de Barth-Linge quand la pluie torrentielle qui s'abattit sur le circuit des Madonies durant le dernier tour rendit Grana (il dominait sa classe quand il sortit de la route lors de l'édition précédente) prudent au point de céder à son adversaire. Elle se classa quatrième. (Bernard Cahier, The Cahier Archive)

3809 GT. La 3809 GT attend d'être libérée au départ de la séance d'entraînement du vendredi, le 3 mai. Andrew Hedges, coéquipier de von Csazy, est au volant. Elle sortira de la route quelques kilomètres plus loin et ne participera pas à la course. (Bernard Cahier, The Cahier Archive)

3413 GT. Fifth at half distance, third with the finish in sight the 3413 GT of Grana-Bulgari looked on course to finish in front of the Barth-Linge Porsche when the torrential rain that hit the Madonies circuit on the last lap made Grana (he was dominating his class when he went off in the previous year's race) slow down to the point that his rival overtook him. The car finished fourth. (Bernard Cahier/The Cahier Archive)

3809 GT. The 3809 GT champs at the bit to be released at the start of the practice session on Friday 3rd May. Andrew Hedges, von Csazy's team-mate, is at the wheel. It crashed a few kilometres further on and did not race. (Bernard Cahier/The Cahier Archive)

104

26 avril 1964

Calendrier sportif trop chargé ? Manifestation de la désapprobation d'Enzo Ferrari à l'encontre des charges nouvelles imposées à l'automobile italienne ? Aucune Ferrari officielle n'est au départ. Ce qui laisse à six GTO l'honneur de lutter en GT contre autant de Porsche 904 GTS et cinq Cobra. Personne ne s'interdisant de viser le classement absolu. De fait, après l'abandon de la Porsche 718 RS de Bonnier-G. Hill et le recul de la 904 (huit cylindres) de Barth-Maglioli, leaders jusqu'à la mi-course, ce sont bien les GT de Stuttgart qui prendront le pouvoir et signeront un doublé à l'arrivée. Certes, résistance des GTO il y eut, mais elle dura cinq tours. Guichet (en tandem avec Facetti et remplaçant Abate blessé au Mans), longtemps deuxième, se retira au sixième passage sur panne de transmission, laissant la GTO de Taramazzo-Ferlaino remporter sa catégorie et les autres plonger dans le fond du classement.

26th April 1964

An over-loaded sporting calendar? A manifestation of Enzo Ferrari's disapproval of the new taxes imposed on Italian cars? Whatever, there were no works Ferraris at the start. This left six GTOs to do battle with as many 904 GTSs and five Cobras all gunning for outright victory. In fact, after the retirement of the Bonnier-G. Hill Porsche 718 RS and the 8-cylinder 904 of Barth-Maglioli, leaders until half distance before falling back down the time sheets, the Stuttgart GTs took up the running and scored a double at the flag. The GTOs did put up a fight, but it lasted for only five laps. Guichet teamed up with Facetti replacing Abate injured at Le Mans; they held on to second for a long time until the Frenchman retired on lap 6 with broken transmission letting the Taramazzo-Ferlaino GTO win its category while the others dropped back to the bottom of the time sheets.

Résultats

250 GTO 64 - 3413 GT n° 114.

Scuderia Sant'Ambroeus. L. Taramazzo-C. Ferlaino. 5e-1er GT 3.0.

250 GTO - 3445 GT n° 112.

Ulf Norinder. Ulf Norinder-Picko Troberg. 9e.

250 GTO - 3909 GT n° 126.

Scuderia Filipinetti. Claude Bourillot-M. de Bourbon-Parme. 10e.

250 GTO - 3705 GT n° 128.

Scuderia San Marco. Egidio Nicolosi-Abramo Zanardelli. 12e.

250 GTO - 3647 GT n° 132.

Luigi Mosca. "Ulisse" (Luigi Mosca)-Fortinbras. Ab. \ Rtd.

250 GTO 64 - 4675 GT n° 118.

Scuderia Sant'Ambroeus. Jean Guichet-Carlo Facetti. Ab, transmission. \ Rtd, transmission.

3413 GT. Bien servie par les abandons des principaux favoris, la 3413 GT prit la cinquième place du général, mais surtout la première des GT, ce qui permit à Ferrari de devancer à nouveau les Ford Cobra au classement provisoire du Championnat mondial des marques. Elle est ici saisie dans une ambiance propre à la course sicilienne, notamment derrière la Porsche 904 GTS de Rey-Hanrioud, qui terminera quatorzième. (Bernard Cahier, The Cahier Archive)

3413 GT. Taking full advantage of the retirements of the main favourites, 3413 GT came home fifth overall, but above all first in GT, which enabled Ferrari to retake the lead in the World Championship for Makes from the Ford Cobras. Here it is photographed in an ambience typical of the Sicilian race behind the Rey-Hanrioud Porsche 904 GTS that finished 14th. (Bernard Cahier/The Cahier Archive)

3445 GT. Il est très exactement 8 h 15, la 3445 GT est prête à s'élancer sur le Piccolo circuito, cadre de la 48e édition de la Targa Florio. Elle finira 7 heures 40 minutes et 44 secondes plus tard à la neuvième position. Un résultat qui est en soi un exploit.
(Bernard Cahier, The Cahier Archive)

3445 GT. It is exactly 8:15 and 3445 GT is ready to set off on the Piccolo circuito, where the 48th Targa Florio is being run. It finished ninth 7h 40m 44 s later: a result that was an exploit in itself.
(Bernard Cahier/The Cahier Archive)

3909 GT. L'ambiance à la Targa Florio est à nulle autre pareille, elle serait même renversante si l'on prend le temps de regarder le document. Quoi qu'il en soit, la 3909 GT de Bourillot-de Bourbon-Parme est sur le point d'être prête. Ils termineront dixièmes. (Bernard Cahier, The Cahier Archive)

3909 GT. The ambience in the Targa Florio is quite unlike any other; it's amazing, in fact, if you take the time to look at this photo. The Bourillot-de Bourbon-Parme 3909 GT is just about ready for the off. They finished tenth. (Bernard Cahier/The Cahier Archive)

3647 GT. Dans une ambiance typique de l'épreuve sicilienne, la 3705 GT de Nicolosi-Zanardelli (n° 128) précède la 3647 GT d'"Ulisse" et Fortinbras (n° 132). On notera que la 3647 GT est dotée d'une prise d'air de radiateur élargie. (Bernard Cahier, The Cahier Archive)

3647 GT. The no. 128 Nicolosi-Zanardelli 3705 GT leads the no. 132 "Ulisse"-Fortinbras 3647 GT in an ambience that's typical of the Sicilian event . Note that 3647 GT has a bigger radiator air intake. (Bernard Cahier/The Cahier Archive)

118
118

118

4675 GT. Page de gauche, ci-dessus et ci-contre. Attentif, Guichet est prêt à s'élancer. Quatrième au premier passage, deuxième une boucle plus tard, il s'arrête avant le quatrième tour pour ravitailler et céder le volant à Facetti (par prudence Graham Hill, dont la Porsche a abandonné lors du deuxième tour, écarte un cric pouvant gêner). La 4675 GT ravitaille à nouveau, et Guichet, devenu homme à tout faire, reprend le volant. Résultat d'un effort violent conjugué à l'abandon de la Porsche 904 GTS de Barth-Maglioli, la 4675 GT est à nouveau deuxième au cinquième passage. Brièvement premier après le retrait de la Porsche 904 GTS de Bulgari-Grana, le Marseillais abandonnera peu avant les tribunes au sixième passage. (Bernard Cahier, The Cahier Archive)

4675 GT. Opposite page, above and left. A focused Guichet is ready to join the fray. He was fourth first time round and second a lap later stopping before lap 4 to refuel and hand over to Facetti (Graham Hill whose Porsche had retired on lap 2 moves a jack so as not to hinder the Ferrari). 4675 GT refuels again and Guichet who has become a "jack of all trades" gets back in the cockpit. As a result of driving the wheels off the car combined with the retirement of the Barth-Maglioli Porsche 904 GTS, 4675 GT was back in second place on lap 5. After holding first place briefly when the Bulgari-Grana Porsche 904 GTS fell by the wayside, the driver from Marseilles retired in front of the grandstands on lap 6. (Bernard Cahier/The Cahier Archive)

9 mai 1965

Cinq victoires pour Ferrari, autant pour Porsche, à raison de quatre voitures officiellement engagées par Maranello et cinq par Stuttgart, il était évident qu'à l'arrivée la balance ne serait plus égale. À moins que l'unique Ford (Bondurant-Whitmore) engagée ne vienne troubler le jeu. Ce ne fut pas le cas. La Ford abandonna, et la plus incisive des Porsche, celle de Davis-Mitter, ne fut jamais en mesure de disputer une victoire promise depuis le départ (et même les essais) au duo Vaccarella-Bandini (275 P2). Les GTO, quatre au départ, continuèrent une glissade amorcée l'année précédente. Dixième au général et première de la catégorie GT 1.3, l'Abarth 1300 de Calascibetta-Virgilio devançait de deux rangs la GTO/64 de Ravetto-Starrabba ; Mosca et Marchesi terminaient derniers ; peu après le premier tour, de Bourbon-Parme heurtait une borne en doublant un concurrent dans un passage délicat et abandonnait ; quatre tours plus tard, le tandem Capuano-Latteri se retirait sans jamais avoir figuré.

9th May 1965

When the cars arrived in Sicily Ferrari (4 works cars from Maranello) and Porsche (five from Stuttgart) were running neck and neck with five victories each. A situation that would have changed when the chequered flag fell unless the singleton Ford (Bondurant-Whitmore) sprang a surprise, which didn't happen as it retired. The fastest of the Porsches driven by Davis-Mitter was never able to take the fight to Vaccarella-Bandini (275 P2) for a victory promised to the Italians right from the start (and even in practice). The four GTOs in the race continued their inexorable slide down the time sheets begun the previous year. Tenth overall and first in the GT 1.3 category, the Calascibetta-Virgilio Abarth 1300 finished two places in front of the Ravetto-Starrabba GTO/64. Mosca and Marchesi came home last. Shortly after the end of the first lap de Bourbon-Parme hit a marker stone while overtaking a car in a tricky section and retired. Four laps later Capuano-Latteri also threw in the towel without ever being among the front-runners.

Résultats

250 GTO 64 - 4091 GT n° 118.
Scuderia Pegaso. Clemente Ravetto-Gaetano Starrabba. 12e-1er GT 3.0.

250 GTO - 3647 GT n° 112.
A Bossa. Luigi Mosca-Tullio Sergio Marchesi. 30e.

250 GTO - 3765 LM n° 114.
Scuderia Pegaso. Ignazio Capuano-Ferdinando Latteri. Ab. \ Rtd.

250 GTO - 3909 GT n° 102.
Scuderia Filipinetti. M. de Bourbon-Parme-Claude Bourillot. Ab, accident. \ Rtd, accident.

4091 GT. La 4091 GT vient de s'élancer devant la 250 LM de Taramazzo-Sigala. Dans trente secondes, ce sera son tour. Très exactement 7 heures 50 minutes 57 secondes 1/10 plus tard, au terme d'une course tranquille et sans nourrir l'anecdote, Clemente Ravetto et Gaetano Starrabba (de son nom complet Gaetano Starrabba principe di Giardinelli) finiront douzièmes au classement général et premiers de la catégorie GT 3.0. (Bernard Cahier, The Cahier Archive)

4091 GT. 4091 GT has just roared off in front of the 250 LM of Taramazzo-Sigala, which will start in 30 seconds. 7h 50m 57.1/10s later after a quiet race without incidents Clemente Ravetto and Gaetano Starrabba (full name Gaetano Starrabba principe di Giardinelli) finished 12th overall and first in the GT 3.0 category. (Bernard Cahier/The Cahier Archive)

118

MARATHON
da nuovo
118

3647 GT. Déjà fort maltraitée, la 3647 GT le fut encore lors de la Targa Florio 1965 où Marchesi, goûtant fort peu le circuit sicilien, sortit de la route avec des conséquences visibles. Associé à Mosca (alias "Ulisse"), il termina trentième. (Bernard Cahier, The Cahier Archive)

3647 GT. After already being given a good hammering 3647 GT was in the wars again in the 1965 Targa Florio in which Marchesi who didn't like the Sicilian circuit went off with visible consequences. He finished 30th associated with Mosca (alias "Ulisse"). (Bernard Cahier/The Cahier Archive)

F.1
SETTE
PREGI
RIFORNIMENTI

3765 LM. La devenue 250 GTO 3765 LM (désormais motorisée par un V12 de 3 litres, elle peut être considérée comme telle) vient de s'élancer pour la 49ᵉ édition de l'épreuve sicilienne. Maltraitée lors des essais, elle abandonnera au sixième tour. (Bernard Cahier, The Cahier Archive)

3765 LM. 3723 LM was now designated 3765 LM and could be considered a 250 GTO because it was powered by a 3-litre V12. It has just set off on the 49th running of the Sicilian event. The car had been pushed to the limit in practice and it retired on lap 6. (Bernard Cahier/The Cahier Archive)

3909 GT. Pour l'instant, il est permis de rêver. Mais, à moins d'un miracle, la 3909 GT ne peut espérer faire mieux que l'année précédente. Reste l'expérience de Claude Bourillot (à gauche) et de Michel de Bourbon-Parme qui se sont déjà frottés aux méandres siciliens. (Bernard Cahier, The Cahier Archive)

3909 GT. For the moment there was still time to dream. But barring a miracle the 3909 GT could not hope to do better than the previous year. In the driving seat were the experienced Claude Bourillot (left) and Michel de Bourbon-Parme who had already taken on the challenge of the winding Sicilian roads. (Bernard Cahier/The Cahier Archive)

SCUDERIA FILIPINETTI
GOODYEAR
DUNLOP

SUPERSHELL
Visco-static
102

Les 1000 Kilomètres du Nürburgring

The Nürburgring 1000 km

Dur, difficile, dangereux, les qualificatifs manquent dès lors que l'on parle du Nürburgring, nom composé de ceux du promontoire et du château de Nürburg qui le dominent, et de *ring* pour anneau. Circuit permanent le plus long du monde lors de son inauguration en 1927, il l'est toujours en 1962 avec un parcours de 22,810 km composé de plus de cent cinquante virages et courbes, qui serpentent au cœur du massif de l'Eifel dans une suite de dénivelés délirants où parois escarpées succèdent aux précipices. Terrain propice aux exploits, Tazio Nuvolari, Bernd Rosemeyer, Stirling Moss y ont signé leurs plus belles pages. En 1953, les champions du monde Alberto Ascari et Nino Farina, profitant des déboires de Lancia, y ont (miraculeusement) fait triompher une Ferrari 375 MM. Une victoire que Maranello n'a pas renouvelée.

Tough, difficult, dangerous are only some of the adjectives that can be used when speaking of the Nürburgring, a compound noun comprising the name of the promontory, the Nürburg castle that dominates it and the word 'ring.' It was the longest permanent circuit in the world on its inauguration in 1927. Nothing had changed in 1962 with a 22,810 km layout consisting of more than 150 corners and curves that followed one another in the Eifel Massif in a succession of crazy up-and-down sections in which steep slopes give way to precipices. It is a track that is propitious to marvellous feats and Tazio Nuvolari, Bernd Rosemeyer and Stirling Moss are among those who achieved some of the outstanding exploits of their careers at the Nürburgring. In 1953, F1 world champions Alberto Ascari and Nino Farina took advantage of Lancia's misfortunes and won the race in a Ferrari 375 MM - a feat that Maranello has not repeated!

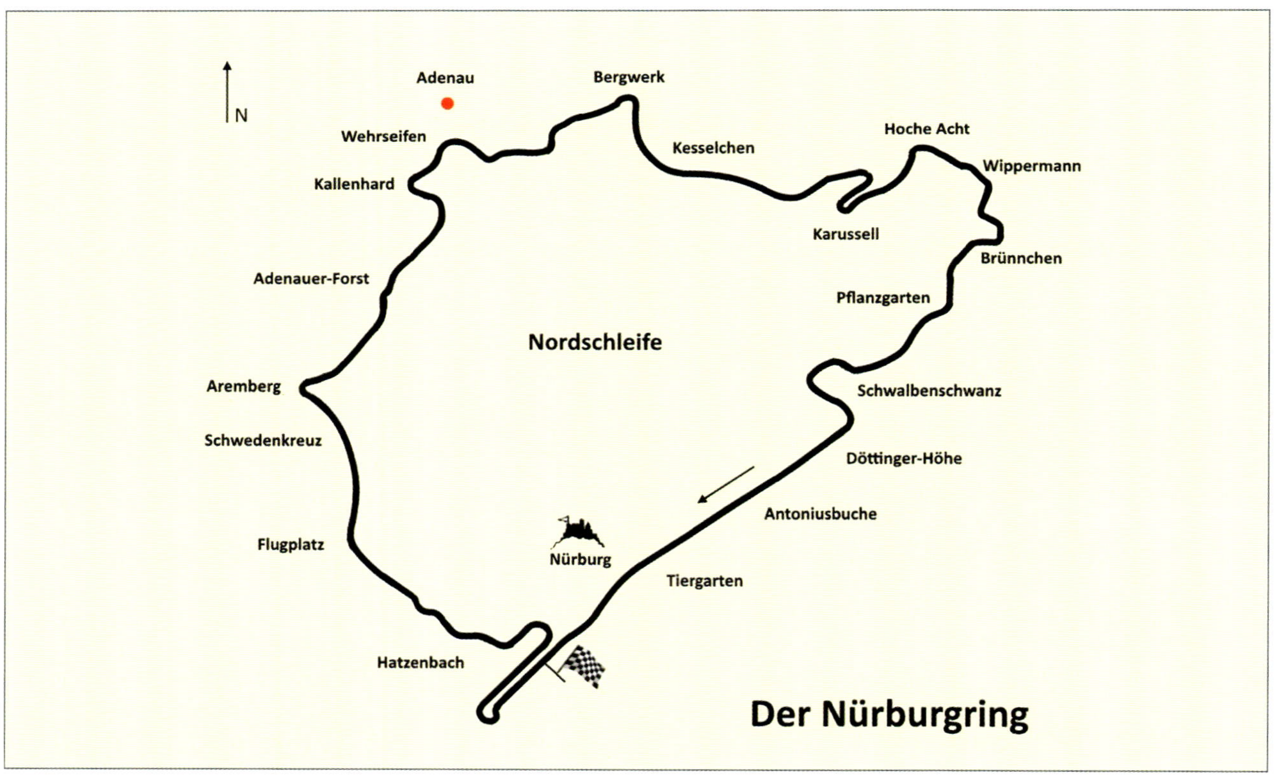

27 mai 1962

Après le doublé Ferrari en Sicile, le Nürburgring est pour Porsche l'occasion de prendre sa revanche, mais avec trois Dino et une Berlinette de 4 litres (3673 SA), confiée à Mairesse-Parkes, contre deux 718 (une GTR et une WRS), les pronostics n'inclinent pas en faveur de Stuttgart. Côté Grand Tourisme, avec quatre 250 GT et deux GTO contre une armada de Porsche 356, les jeux paraissent faits. Mais, jusqu'à son abandon au douzième tour (vitesse manquée), c'est Clark qui fera se dresser les trois cent soixante mille spectateurs venus dans l'Eifel en dépit d'un temps froid et menaçant. L'Écossais retiré, la logique reprendra ses droits, laissant sous une

27th May 1962

After Ferrari's double in Sicily, Porsche was determined to take its revenge at the Nürburgring, but with three Dinos and a 4-litre Berlinetta (3673 SA) for Mairesse-Parkes against two 718s (a GTR and a WRS), a Stuttgart victory looked like a long shot! In the grand touring categories, however, it seemed like a foregone conclusion with four 250 GTs and two GTOs up against an armada of Porsche 356s. But until his retirement on lap 12 (missed gear change) Jim Clark thrilled the 360 000 spectators who had flocked to the Eifel despite cold weather and threatening clouds. Once the Scot had vanished the pre-race form was respected as in pouring

Neuf heures! Phil Hill (Ferrari Dino 246 SP n° 92), le plus rapide à l'entraînement, ce qui lui vaut de partir en première position, n'en profitera pas et encore moins Mairesse (Ferrari Berlinette n° 120) qui s'élancera la porte ouverte ! Les plus promptes seront McLaren (Aston Martin DBR 1 n° 96) et Clark (Lotus 23 n° 84), qui ne tardera pas à prendre la tête. On reconnaîtra : Gurney (Porsche 718 GTR n° 110), Rodriguez (Ferrari Dino 268 SP n° 93), Graham Hill (Porsche 718 WRS n° 111) et Scarlatti (3451 GT n° 54).
(Bernard Cahier, The Cahier Archive)

09:00! Phil Hill no. 92 Ferrari Dino 246 SP who clinched pole position in practice did not take advantage of it for very long, and Mairesse in the no. 120 Ferrari Berlinetta didn't do himself any favours as he roared off with the door open! The quickest were Bruce McLaren (no. 96 Aston Martin DBR1) and Clark (no. 84 Lotus 23) who soon went into the lead. In the photo are: Gurney (no. 110 Porsche 718 GTR), Rodriguez (no. 93 Ferrari Dino 268 SP), Graham Hill (no. 111 Porsche 718 WRS) and Scarlatti (no. 54 3451 GT). (Bernard Cahier/The Cahier Archive)

pluie battante Hill-Gendebien prendre la tête et disposer de la Berlinette de Mairesse-Parkes jusqu'à l'arrivée. G. Hill-Herrmann (718 WRS) termineront troisièmes devant McLaren-Maggs (Aston Martin DBR 1) et la 250 GT SWB de Seidel-Nöcker, premiers en GT, à trois tours des vainqueurs. Mais qu'importe la catégorie quand ce jour-là l'exploit fut de rester sur la route, ce que ne put faire la douzaine de voitures qui terminaient dans le fossé.

rain Hill-Gendebien took the lead and kept the Mairesse-Parkes Berlinetta at bay until the finish. G. Hill-Herrmann (718 WRS) came home third in front of McLaren-Maggs (Aston Martin DBR1) and the Seidel-Nöcker 250 GT SWB first in the GT category three laps behind the winners. But no matter what the category the main exploit that day was actually staying on the road something that 12 cars failed to do and ended up in the ditch!

Résultats

250 GTO - 3527 GT n° 49.

Österr. Automobil Sport-Club. Umberto Maglioli-Gotfrid Köchert. Ab, démarreur. \ Rtd, starter.

250 GTO - 3451 GT n° 54.

C. San Guisti Ferraro. Giorgio Scarlatti-Pietro Ferraro. Ab, sortie de route. \ Rtd, accident.

3527 GT. Saisi devant les stands, le V12 Tipo 168/62 de la 3527 GT de Maglioli-Köchert exhibe sa batterie de six carburateurs Weber 38 DCN. D'une cylindrée de 2 953,21 cm^3 (73 x 58,8 mm), il développe alors une puissance de l'ordre de 290 ch à 7 400 tr/min pour un rapport volumétrique de 9,8 : 1. (Bernard Cahier, The Cahier Archive)

3527 GT. Snapped in front of the pits, the V12 Tipo 168/62 of the Maglioli-Köchert 3527 GT shows off its battery of six Weber 38 DCN carburettors. With a cubic capacity of 2953.21 cc (73 x 58,8 mm), it put out around 290 bhp at 7400 rpm with a compression ratio of 9.8 : 1. (Bernard Cahier/The Cahier Archive)

3527 GT. Brillamment conduite jusqu'alors par Maglioli, la 3527 GT était en tête de sa catégorie quand elle dut se retirer sur une panne de démarreur, privant ainsi Köchert de tout relais. Elle passe ici devant ce qui reste de la Ferrari Dino 268 SP envoyée dans le fossé par Pedro Rodriguez au cinquième tour. (Bernard Cahier, The Cahier Archive)

3527 GT. After a brilliant display by Maglioli, 3527 GT was in the lead in its category when it had to retire because of starter failure so Köchert never even got behind the wheel. Here it passes in front of the remains of the Ferrari Dino 268 SP in which Pedro Rodriguez ended up in the ditch on lap 5. (Bernard Cahier/ The Cahier Archive)

19 mai 1963

Une Porsche peut-elle succéder à Ferrari dans l'Eifel ? Cet espoir, trois cent mille spectateurs le partagèrent pendant le vingtième tour, quand la Porsche 718 GTR de Phil Hill-Bonnier précédait la 250 GTO de Noblet-Guichet, la 250 P de Mairesse-Surtees, la Jaguar E de Lindner-Nöcker et la Ferrari 250 TRI/61 de Maglioli-Abate. Une position qui devait au talent de l'Américain et du Suédois, à une Porsche souveraine sous une pluie soudaine, mais aussi à la sortie de route, cinq tours plus tôt, du leader Parkes qui, talonné par un Mairesse des plus pressants, avait abîmé la Ferrari 250 P qu'il partageait avec Scarfiotti contre un talus au Aremberg. Arrivé sur les lieux sans être averti, le Belge avait roulé sur un éparpillement de débris et crevé la roue avant gauche. Le temps pour lui de se lancer *in situ* dans un hasardeux changement de roue, de rentrer au ralenti au stand et d'en repartir, son avance de trois minutes sur la Porsche s'était transformée en six minutes quarante-trois secondes de retard.

Et arrive le vingt et unième tour. Alors que Mairesse est sur le point de prendre le meilleur sur les Français, Hill glisse sur le mouillé au Aremberg, et perd le contrôle de sa Porsche qui va au fossé. Laissés sans adversaires, Mairesse-Surtees ne gâcheront pas l'espoir de vaincre durant les vingt-trois tours restants. Pas plus que Noblet-Guichet ne manqueront de l'emporter en GT après le retrait de la Jaguar E de Lindner et Nöcker.

19th May 1963

Could a Porsche finally defeat a Ferrari in the Eifel? This hope was shared by some 300 000 spectators on the 20th lap when the Porsche 718 GTR driven by Phil Hill-Bonnier led the Noblet-Guichet 250 GTO, the Mairesse-Surtees 250 P, the Lindner-Nöcker E-Type Jaguar and the Maglioli-Abate Ferrari 250 TRI/61. The German make owed this position to the skills of the American and the Swede and their Porsche that dominated in a sudden rain storm as well as the accident five laps earlier of the leader, Mike Parkes who, coming under increasing pressure from Mairesse, had damaged the Ferrari 250 P he shared with Scarfiotti against a bank at Aremberg. The Belgian arrived on the spot without having been warned and ran over scattered debris puncturing his right-hand front tyre. The time it took him to carry out a risky tyre change on the spot, return slowly to the pits and then rejoin transformed his three-minute lead over the Porsche into a six minute forty-three second deficit!

And then came the 21st lap. Just when Mairesse was about to get the better of the Frenchmen, Phil Hill lost control of his Porsche on the wet track at Aremberg and ended up in the ditch. This left Mairesse-Surtees without rivals and they kept their victory hopes intact over the remaining 23 laps. It was the same story for Noblet and Guichet who clinched first place in the 3.0 GT category after the withdrawal of the Lindner-Nöcker E-Type Jaguar.

Résultats

250 GTO - 3943 GT n° 46.
Pierre Noblet. Pierre Noblet-Jean Guichet. 2e-1er GT 3.0.

250 GTO - 3767 GT n° 47.
David Piper. David Piper-Ed Cantrell. 6e.

250 GTO - 3809 GT n° 48.
Kalman von Csazy. Kalman von Csazy-Karl Foitek. Sortie de route. \ Rtd accident.

250 GTO - 3909 GT n° 54.
Filipinetti. Heini Walter-Herbert Müller. Ab, bielle. \ Rtd, connecting rod.

250 GTO - 3647 GT n° 64.
Scuderia Centro Sud. Tommy Hitchcock-Zourab Tchkotoua. Acc. \ Rtd accident.

3943 GT. Sixième temps des essais (9' 52" 6), cinquième au premier passage, la 3943 GT est en tête des GT 3.0 depuis le cinquième tour. Le temps de ravitailler, Noblet cède le volant à Guichet (casque supersonique). Un relais crucial dans la lutte qui les oppose à la Jaguar E de Lindner-Nöcker quand le premier s'est montré plus rapide que Noblet. Guichet, plus rapide que Nöcker, creusera l'écart. Trahie par son moteur, la Jaguar abandonnera. (Bernard Cahier, The Cahier Archive)

3943 GT. Sixth-fastest time in practice (9m 52. 6s) and fifth first time round, 3943 GT had been leading the GT 3.0s since lap 5. During refuelling Noblet handed over to Guichet (supersonic helmet!). This proved to be a crucial stint in their battle with the Lindner-Nöcker E-Type Jaguar as Linder was quicker than Noblet and Guichet, who was faster than Nöcker, soon opened up a gap. The Jaguar retired due to engine failure. (Bernard Cahier/The Cahier Archive)

Esso
Esso
Esso
46
46
MO·8
1452

46

3943 GT. Deuxième au vingtième tour après la sortie de route de Parkes, la 3943 GT prendra brièvement la tête après l'abandon de la Porsche de Phil Hill-Bonnier. Doublée au vingt et unième tour par la Ferrari de Mairesse-Surtees, elle finira deuxième. (Bernard Cahier, The Cahier Archive)

3943 GT. Following Parkes's off-course excursion 3943 GT was second on lao 20 and led briefly after the Phil Hill-Bonnier Porsche retired. Passed by the Mairesse-Surtees Ferrari 21st-time round it saw the flag in second place. (Bernard Cahier/ The Cahier Archive)

3909 GT. Cinquième temps des essais (9' 50" 2), septième au cinquième passage, la 3909 GT, alors conduite par le Suisse Heini Walter, fit un début de course remarquable. Au huitième tour, la rupture d'une coupelle de soupapes aura raison de son effort. Elle double ici l'Alpine A 108 de Richard-Grandsire. (Bernard Cahier, The Cahier Archive)

3909 GT. 3909 GT fifth in practice in 9m 50.2s was seventh fifth time round driven by Heini Walter from Switzerland who made a remarkable start to the race. On lap 8, a broken valve spring retainer cut short his effort. Here the GTO overtakes the Richard-Grandsire Alpine A 108. (Bernard Cahier/ The Cahier Archive)

3809 GT. Après un départ type "Le Mans" donné dans la confusion, la plupart des concurrents s'étant élancés avant la chute du drapeau, la 3809 GT (n° 48), partie en seizième position, emmène un groupe d'attardés, dont la Ferrari 250 P de Scarfiotti-Parkes (n° 111), pourtant deuxième des essais. La première sortira de la route au Karussell ; la seconde le fera au Aremberg. (Bernard Cahier, The Cahier Archive)

3809 GT. After a chaotic Le Mans-type getaway as the majority of cars started before the flag fell, 3809 GT (no. 48), which set off in 16th place, leads a gaggle of cars that were delayed including the Scarfiotti-Parkes Ferrari 250 P (no. 111) second in practice! The first went off at the Karussell and the second emulated it at Aremberg. (Bernard Cahier/The Cahier Archive)

31 mai 1964

Un mois après la pause sicilienne, le doute n'est plus permis, en alignant deux 250 LM et trois 275 P, dont deux d'usine, contre une Ford GT 40 (P. Hill-McLaren) et une pléthore de Porsche, Ferrari n'entend subir ni la pression de Detroit ni celle de Stuttgart. En GT 3 litres, avec sept GTO au départ, y compris une 64 d'usine (Parkes-Guichet), contre six Cobra et quatre Jaguar E Lightweight, les forces s'équilibrent. Certes, quarante-quatre tours plus tard, une Ferrari, la 275 P de Scarfiotti-Vaccarella l'emportait, mais ce ne fut pas sans émotion. Car, après l'abandon de la GT 40 peu après le

31st May 1964

A month after the Sicilian event there was no room for doubt and by entering two 250 LMs and three 275 Ps, including two works cars, against a singleton Ford GT40 (P. Hill-McLaren) and a raft of Porsches Ferrari had no intention of being subjected to the pressure of Detroit or Stuttgart. In the 3-litre GT category in which there were seven GTOs at the start including a works 64 car (Parkes-Guichet) up against six Cobras and four light-weight E-Type Jaguars the opposing forces were fairly evenly balanced. Although after 44 laps a Ferrari, the Scarfiotti-Vaccarella 275 P, emerged victorious it was

On reconnaîtra, à droite, Lucien Bianchi, Jo Schlesser, qui étouffe un bâillement, et Jo Siffert. Si ce jour-là le Belge fut le seul à piloter une GTO, le Français et le Suisse en conduisirent une en d'autres occasions. Remarque : si l'on s'en tient aux résultats des essais, le Français (18e temps sur Cobra avec Attwood) devrait être à gauche de la photo. (Bernard Cahier, The Cahier Archive)

On the right are Lucien Bianchi, Jo Schlesser (who suppresses a yawn) and Jo Siffert snapped during a break. Although that day the Belgian was the only one at the wheel of a 250 GTO the Frenchman and the Swiss raced the car on other occasions. Comment: if practice times are taken into account the Frenchman (18th-fastest in the Cobra he shared with Attwood) should be on the left of the photo. (Bernard Cahier/The Cahier Archive)

Preuve que le départ type "Le Mans" était un défi à la sécurité, celui des 1 000 Kilomètres du Nürburgring 1964. Noyées parmi les plus lentes d'un plateau hétéroclite se trouvent les GTO n° 76 de Ramminger-Schander (4115 GT) et n° 78 de Clarke-Margulies (3757 GT). (Bernard Cahier, The Cahier Archive)

Proof that the Le Mans-type start was a challenge to safety was given by the getaway of the 1964 Nürburgring 1000 km where the GTOs of Ramminger-Schander (4115 GT no. 76) and Clarke-Margulies (3757 GT no. 78) are hemmed in by a motley collection of slower cars. (Bernard Cahier/ The Cahier Archive)

Le départ de la 4115 GT nous avait déjà familiarisés avec la bousculade dangereuse des départs type "Le Mans". Celui de la GTO n° 75 de Gosselin-van Lysbeth (4153 GT), vingt-septième au départ (10' 03" 1) et qui ne sera pas percutée par la Porsche 904 GTS de Müller-Knörr, nous en donne une autre preuve. La Cobra n° 96 est celle d'Olthoff-Hawkins. (Bernard Cahier, The Cahier Archive)

4115 GT's start has already given us an idea of the pushing and shoving caused the Le Mans-type start. A further illustration is provided by the GTO driven by Gosselin-van Lysbeth (4153 GT no. 75), 27th at the start (10m 03.1s), which was not hit by the Müller-Knörr Porsche 904 GTS. The no. 96 Cobra was driven by Olthoff-Hawkins. (Bernard Cahier/The Cahier Archive)

OP
B7
EMSE
DUNLOP
Fahre gut- und höre Becker
becker
autoradio
flugfunk
BP
visco-static
LONGL
MOTOROEL
MERCEDES-BENZ
VARTA
VARTA
CHAMPION
CHAMPION
zündet
CHAMPION
liefert weltbekanntes Autozubehör
MEIN BENZIN-GASOLIN
GASOLIN
VISCOBIL-ÖL
BOSCH
BOSCH

5573 GT. Placée en dixième position après les essais (9' 32" 5), la 5573 GT ne cessa d'être harcelée par les Porsche 904 GTS de Linge-Mitter (quatorze secondes de retard à la mi-course) et de Ben Pon-Koch (troisième à l'arrivée), avant de prendre définitivement le large et de terminer deuxième derrière la Ferrari 275 P de Scarfiotti-Vaccarella, mais surtout première de la catégorie GT ; un succès de Parkes et de Guichet (en casque et prêt à prendre le relais) qui mettait Ferrari hors d'atteinte au Championnat mondial des marques. (Bernard Cahier, The Cahier Archive)

5573 GT, which lined up in 10th place after practice (9m 32.5s), was hassled by the Porsche 904 GTS of Linge-Mitter (14 seconds behind at half distance) and Ben Pon-Koch (third at the finish) before pulling away and taking the flag in second place behind the Ferrari 275 P of Scarfiotti-Vaccarella and above all scoring victory in GT. This win by Parkes and Guichet (helmeted and ready to take over) put Ferrari out of reach in the World Championship for Makes. (Bernard Cahier/The Cahier Archive)

quart de la course, l'on trembla à Maranello avec la mise hors course de la 275 P (Maranello Concessionaires) du tandem Ireland-G. Hill, à la suite d'un ravitaillement illicite, et l'élimination de la 275 P de Surtees-Bandini sur rupture de moyeu, le tout avant le trentième tour. *A contrario*, la course en GT fut, à défaut d'être facile, sans surprise, Parkes et Guichet attendant que les rangs s'éclaircissent pour assurer leur prise. De fait, premier des GT dès le départ, sixième au général au quart de l'épreuve, quatrième à la mi-course, le duo anglo-français ne cédait son avantage que du vingt-sixième au vingt-huitième tour à la Porsche 904 GTS de Linge-Mitter, avant de s'installer définitivement en tête de sa catégorie, les Cobra, décimées par une mauvaise préparation mécanique, et les Jaguar, étouffées par la cadence des Ferrari, n'ayant jamais été menaçantes.

not without a certain suspense. After the retirement of the GT40 soon after quarter distance, Maranello's knees began to tremble with the disqualification of the 275 P run by Maranello Concessionaires for Ireland-G. Hill due to an illegal refuelling stop and the elimination of the Surtees-Bandini 275 P following a hub breakage before lap 30. On the other hand, the race in GT did not spring any surprises even if it wasn't a stroll in the park. Parkes and Guichet played a waiting game as cars retired to tighten their grip on the category. At the head of the pack in the GT category from the start, sixth overall with a quarter of the race gone, fourth at half distance, the Franco-British duo only lost the lead between the 26th and 28th laps to the Linge-Mitter Porsche 904 GTS after which they installed themselves in first place for good. The Cobras were decimated by poor preparation and the Jaguar challenge was snuffed out by the pace of the Ferraris so the Coventry cats were never a threat.

Résultats

250 GTO 64 - 5573 GT n° 83.

Ferrari. Mike Parkes-Jean Guichet. 2e-1er GT 3.0.

250 GTO 64 - 5575 GT n° 74.

Écurie Francorchamps. Lucien Bianchi-Gérald Langlois van Ophem. 4e.

250 GTO - 4491 GT n° 72.

David Piper. David Piper-Tony Maggs. 7e.

250 GTO - 4153 GT n° 75.

Écurie Francorchamps. Gustave Gosselin-Francis van Lysbeth. 18e.

250 GTO - 4115 GT n° 76.

Manfred Ramminger. Manfred Ramminger-Herbert Schander. 20e.

250 GTO - 3757 GT n° 78.

Peter Clarke. Peter Clarke-Dan Margulies. 28e.

250 GTO - 3445 GT n° 77.

Ulf Norinder. (Ulf Norinder) Picko Troberg-Chris Amon. Ab, sortie de route. \ Rtd, accident.

5575 GT. Pas très rapide à l'entraînement (9' 49" 3), la 5575 GT (Bianchi-Langlois van Ophem) fit une course d'attente à défaut d'être remarquable. Dixième au onzième passage, elle remontait sans jamais parvenir à faire ombrage à la Porsche 904 GTS de Ben Pon-Koch et pointait derrière elle à la quatrième place au trente-troisième tour (deux tiers de la course). Des positions qui restèrent figées jusqu'à la fin. (Bernard Cahier, The Cahier Archive)

5575 GT. 5575 GT in the hands of Bianchi-Langlois van Ophem wasn't very quick in practice (9m 49.3s) and played a waiting game rather than a standout role. Tenth 11th time round it made up places without ever posing a threat to Ben Pon-Koch's Porsche 904 GTS even if it was behind it in fourth spot on lap 33 (two-thirds of the race). The positions stayed the same until the chequered flag. (Bernard Cahier/The Cahier Archive)

4491 GT. Revue et corrigée par Piper, la 4491 GT, dix-neuvième aux essais (9' 51" 4), fit une course effacée qui l'amena tout de même à la septième place. Un classement qu'elle aurait pu améliorer si Piper ne s'était pas arrêté en début de course pour faire vérifier une suspension arrière qu'il croyait défaillante. (Bernard Cahier, The Cahier Archive)

4491 GT. 4491 GT was modified and tweaked by David Piper and set the 19th-best time in practice (9m 51.4s). Although it had a low-key race it fought its way up to seventh place and could have finished higher had the Englishman not stopped early on in the race because he suspected suspension failure. (Bernard Cahier/The Cahier Archive)

4115 GT. Lente lors des essais (10' 08" 1), mal partie, la 4115 GT fit la course que l'on attendait d'une GTO 63 qui, sans avoir accumulé les kilomètres, accusait son âge face à une cohorte de Porsche 904 GTS et d'Alfa Romeo TZ fringantes et agiles. Elle se classa vingtième, cinquième de sa catégorie. (Bernard Cahier, The Cahier Archive)

3445 GT. Vingt-quatrième au départ (9' 56" 8), la 3445 GT, vue ici devant l'Alfa Romeo Tubolare n° 34 de Biscaldi-Furtmayr, ne finira pas victime comme beaucoup d'autres d'une sortie de route. (Bernard Cahier, The Cahier Archive)

4115 GT. 4115 GT was slow in practice (10m 08.1s), and its race was what could be expected from a 1963 GTO which, even if it had not covered many kilometers, showed its age against a horde of quick nimble Porsche 904 GTs and Alfa Romeo TZs. It finished 20th and fifth in its category. (Bernard Cahier/The Cahier Archive)

3445 GT. 3445 GT was 24th at the start (9m 56.8s). Seen here in front of the no. 34 Biscaldi-Furtmayr Alfa Romeo Tubolare it did not see the flag as it crashed out like many others. (Bernard Cahier/The Cahier Archive)

Les **24** Heures du Mans

The Le Mans **24** Hours

En 1962, le circuit permanent de la Sarthe, autrement dit du Mans, mesure 13,461 km. Le départ est donné à 16 heures à cinquante-cinq pilotes traversant au pas de course la piste pour rejoindre leurs voitures rangées en épi devant les stands. La ligne droite des Hunaudières n'est pas défigurée par des chicanes. À Mulsanne, on peut s'ensabler définitivement. Nul ne pense à un virage Ford. Et rien, averse torrentielle, pluie battante, accident matériel ou perte humaine, ne ralentit, suspend ou abrège un effort que l'on partage à deux. En 1956, conséquence de l'accident qui coûta la vie à Levegh et à quatre-vingt-deux spectateurs fauchés par les débris de sa Mercedes disloquée, les stands ont été reconstruits, la route abaissée, les fascines rehaussées sur l'ensemble du circuit, la largeur de la piste portée à 17 mètres, zone de décélération et de stationnement comprise. Le rayon de la courbe Dunlop est passé de 300 à 500 mètres et, pour éviter toute distraction des pilotes au passage des stands, les postes de panneautage ont été installés à la sortie du virage de Mulsanne, endroit du circuit où les vitesses sont les plus basses. En 1949, Ferrari, grâce à Chinetti et Lord Selsdon, y a signé sa première grande victoire internationale. Depuis, par González, Trintignant, Phil Hill, Frère et Gendebien interposés, la firme de Maranello s'est imposée quatre fois.

23 et 24 juin 1962

Une Ferrari oui, mais laquelle ? Lors des essais préalables d'avril, il était clair que la concurrence aurait tout à craindre des italiennes, notamment en GT (une catégorie élargie par l'Automobile Club de l'Ouest à des "prototypes GT", soit à des voitures analogues mais produites à moins de cent exemplaires), la GTO de l'écurie UDT-Laystall ayant dominé les deux Jaguar E engagées par Briggs Cunningham et l'Aston Martin DP 212 orchestrée par John Wyer. En juin, la cause était entendue dès les entraînements : à condition de ne pas se livrer à une guerre intestine, Ferrari, avec quatre voitures d'usine, dont une Berlinette de 4 litres (3765 LM), et onze privées (dont six GTO), triompherait

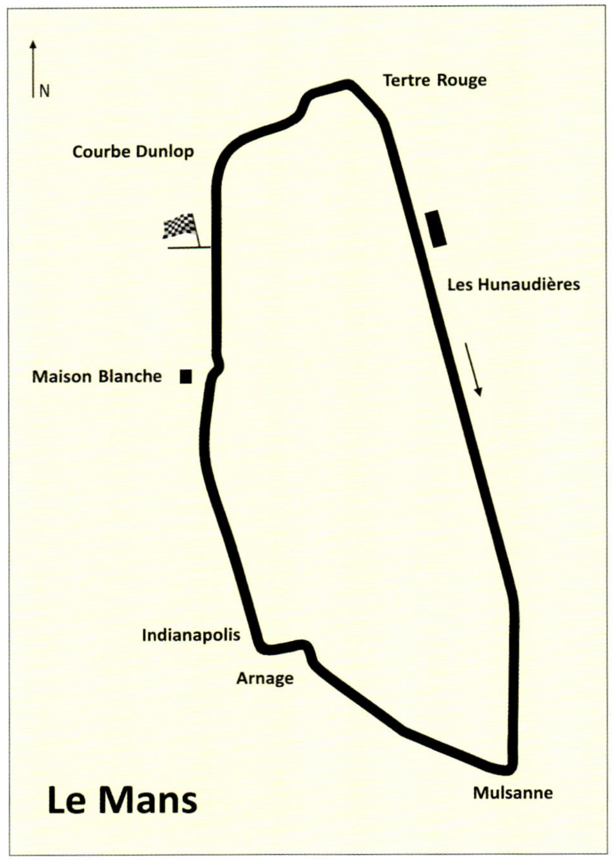

In 1962, the Le Mans circuit measured 13,461 km. The start was given at 16:00 and 55 drivers raced across the track to jump into their cars lined up in herringbone formation in front of the pits. The Mulsanne straight had not been deformed by chicanes and at Mulsanne it was still possible to become bogged down in the sand for good. A Ford corner was far from anybody's mind. And nothing, not even a torrential shower, pouring rain, accident damage or loss of life suspended the effort shared between two drivers. In 1956, as a result of the accident that cost the lives of Pierre Levegh and 82 spectators cut down by the debris of his disintegrating Mercedes-Benz, the pits had been rebuilt, the level of the road lowered, the height of the fences raised all over the circuit and the width of the track increased to 17 metres deceleration

logiquement d'un trio d'Aston Martin emmené par la rapide mais esseulée DP 212 de G. Hill-Ginther, de trois Maserati Tipo 151 préparées à la hâte, et d'autant de Jaguar E fiables, mais anémiques.

Vingt-quatre heures plus tard, mis à part un feu de paille de Graham Hill et une démonstration écourtée des secondes, les Jaguar restant en retrait, Ferrari n'avait jamais vacillé. Inquiétés jusqu'à l'aube par des frères Rodriguez incisifs (Dino 246 SP), Phil

zone and pit space included. The radius of the Dunlop curve had been increased from 300 to 500 metres and to prevent the drivers from being distracted when passing the pits, the signalling zone had been installed on the exit from the Mulsanne hairpin where the speeds were at their lowest. In 1949, thanks to Luigi Chinetti and Lord Selsdon Le Mans was where Ferrari scored its first major international victory. Since then, the Maranello factory had added another four wins to its tally with the help of González, Trintignant, Phil Hill, Frère and Gendebien.

23 - 24 June 1962

A Ferrari yes, but which one? In the April test session it was clear that Ferrari's rivals had everything to fear from the cars from Maranello, in particular in GT (the Automobile Club de l'Ouest had enlarged this category to GT prototypes, namely similar cars but of which fewer than 100 had been produced). As the UDT-Laystall team's GTO had dominated the two E-Type Jaguars entered by Briggs Cunningham and the Aston Martin DP 212 run by John Wyer, in

Peu après le départ de la 30e édition de l'épreuve mancelle, la 250 GT SWB de Berger et Darville (n° 59) précède dans les S du Tertre Rouge la Sunbeam Alpine d'Hopkirk-Jopp (n° 33), la GTO 3505 GT d'Ireland et Gregory (n° 20) et la Porsche 356 B de Ben Pon-Godin de Beaufort (n° 30). Aucune ne finira. (Bernard Cahier, The Cahier Archive).

Shortly after the start of the 30th Le Mans 24 Hours the Berger-Darville 250 GT SWB (no. 59) leads the Sunbeam Alpine driven by Hopkirk-Jopp (no. 33), the Ireland-Gregory GTO 3505 GT (no. 20) and the Ben Pon-Godin de Beaufort Porsche 356 B (no. 30) in Tertre Rouge. None saw the finish. (Bernard Cahier/The Cahier Archive)

3705 GT. Conduite avec sagesse et brio par le Nordiste Pierre Noblet et le Marseillais Jean Guichet, la toute nouvelle 3705 GT se classait dixième à la fin de la première heure, puis quatrième à la fin de la cinquième, après avoir longuement ferraillé avec les GTO de Tavano-Simon, Ireland-Gregory et Vaccarella-Scarlatti. Profitant de l'abandon de la Dino 246 SP des frères Rodriguez, elle se classait troisième et finissait la dix-septième heure en seconde position à la suite du retrait de la Dino 268 SP de Baghetti-Scarfiotti, une position qu'elle ne devait plus quitter et qui lui assurait la première place au classement Grand Tourisme. (Bernard Cahier, The Cahier Archive)

3705 GT. Driven with prudence and occasional flashes of brio by Pierre Noblet from the north and Jean Guichet from Marseille, the brand-new 3705 GT was tenth at the end of the first hour then fourth at the end of the fifth after a long scrap with the GTOs of Tavano-Simon, Ireland-Gregory and Vaccarella-Scarlatti. It took advantage of the retirement of the Dino 246 SP driven by the Rodriguez brothers to snatch third place; and then finished the 17th hour in second position after the retirement of the Baghetti-Scarfiotti Dino 268 SP. It stayed there until the finish winning the Grand Touring category. (Bernard Cahier/The Cahier Archive)

"TÉLESCOPIC"
TOURISME
POIDS LOURDS
GIRLING
FREINS - AMORTISSEURS
GIRLING
SOLEX
DUNLOP
TOTAL

Hill-Gendebien (330 TRI/LM) l'emportaient devant la GTO de Guichet-Noblet. Un tandem exemplaire de brio et de régularité qui aurait pu gagner avec plus d'audace, la voiture des futurs vainqueurs finissant la course sans embrayage.

Autre preuve de la robustesse des GTO, l'équipage belge "Eldé"-"Beurlys" (seizième à la première heure de course) terminait troisième, malgré un roulement de pont défaillant, devant les Jaguar E de Cunningham-Salvadori et Sargent-Lumsden. Seule ombre au tableau pour la Scuderia, le retrait de la 3765 LM sur surchauffe moteur et l'abandon (dix-huitième heure) de la Dino 268 SP de Baghetti-Scarfiotti (embrayage cassé) alors qu'elle occupait la troisième place, intercalée entre les GTO de Noblet et du NART. Une place de podium que l'écurie américaine perdit à quatre heures de la fin en raison d'ennuis de démarreur.

Résultats

250 GTO - 3705 GT n° 19.
Pierre Noblet. Jean Guichet-Pierre Noblet. 2e-1er GT.

250 GTO - 3757 GT n° 22.
Équipe nationale belge. "Eldé" (Léon Dernier)-"Beurlys" (Jean Blaton). 3e.

250 GTO - 3387 GT n° 17.
NART. Bob Grossman-Fireball Roberts. 6e.

250 GT SWB EXP - 2643 GT n° 21.
Scuderia Bear. Ed Hugus-George Reed. 9e.

250 GTO - 3769 GT n° 23.
Fernand Tavano. Fernand Tavano-André Simon. Ab, cardan rompu. \ Rtd, broken universal joint.

250 GTO - 3445 GT n° 58.
Scuderia Serenissima. Nino Vaccarella-Giorgio Scarlatti. Ab, moteur. \ Rtd, engine.

250 GTO - 3505 GT n° 20.
UDT-Laystall. Innes Ireland-Masten Gregory. Ab, démarreur et batterie. \ Rtd, starter and battery.

June it looked like the writing was on the wall right from the start of practice provided that an inter-team battle between the Prancing Horse cars didn't wreak havoc! Ferrari, with four works cars including a 4-litre Berlinetta (3765 LM), and 11 private entries among them six GTOs came out on top of a trio of Aston Martins led by the quick but singleton DP 212 driven by G. Hill-Ginther, three hastily-prepared Maserati Tipo 151s and as many reliable E-Type Jaguars, which lacked sheer grunt.

Twenty-four hours later apart from a brief flash of glory by Graham Hill and a short demonstration by the bit players (the Jaguars were outpaced), Ferrari never came under threat. Phil Hill-Gendebien (330 TRI/LM) won the race despite being subjected to heavy pressure from the very quick Rodriguez brothers in their Dino 246 SP until dawn, while the Noblet-Guichet GTO finished third. They drove con brio and exemplary consistency and could have won had they been a little bit more daring as the car of the future winners finished the race with a broken clutch!

More proof of the robustness of the GTOs was supplied by Belgian pair "Eldé"-"Beurlys" (16th in the first hour of the race) who saw the flag in third place despite a defective rear axle bearing in front of the E-Type Jaguars of Cunningham-Salvadori and Sargent-Lumsden. The only blot on the Scuderia's copy book was the retirement of 3765 LM (engine overheating) and that of the Baghetti-Scarfiotti Dino 268 SP (18th hour broken clutch) when it was in third place between the Noblet and NART GTOs. The American team lost its podium finish four hours from the end because of starter issues.

3757 GT. Après un départ très moyen (seizième à la fin de la première heure), la 3757 GT, menée avec doigtée par les Belges "Eldé" et "Beurlys", va progressivement remonter. Cinquième le dimanche à 8 heures, bien servie deux heures plus tard par l'abandon de la Ferrari Dino 268 SP de Baghetti-Scarfiotti, puis vers midi par la défaillance de démarreur de la 3387 GT de Grossman-Roberts, elle s'installera définitivement à la troisième place en début d'après-midi malgré un roulement de pont défaillant.
(Bernard Cahier, The Cahier Archive)

3757 GT. 3757 GT made a very average start (16th at the end of the first hour) and then gradually fought its way back up the time sheets thanks to the skillful driving of Belgians, "Eldé" and "Beurlys". The GTO was fifth on Sunday morning at 08:00. Helped by the retirement of the Baghetti-Scarfiotti Ferrari Dino 268 SP followed by the starter problem that hit the Grossman-Roberts 3387 around midday, it installed itself in third place in the early afternoon despite a defective axle bearing. (Bernard Cahier/The Cahier Archive)

DUNLOP
MOTUL
22

TOTAL
Esso
LUCAS
GIRLIN
22
25

3387 GT. Moyennement partie (quatorzième en début de course), la 3387 GT, superbement pilotée par Grossman et Roberts, est en route pour une remontée rapide et sûre qui la hissera à la sixième place au début de la soirée. En attendant mieux. On notera que son allumage électronique Presto-Lite lui vaut d'être engagée dans la catégorie Voiture Expérimentale. (Bernard Cahier, The Cahier Archive)

3387 GT. Another GTO that made a poor start (14th early on in the race) was 3387 GT brilliantly piloted by Grossman and Roberts. It was now on a charge that soon brought it up to sixth place (better to come) as evening was setting in. Thanks to its Presto-Lite electronic ignition it was entered in the Experimental Car category. (Bernard Cahier/The Cahier Archive)

3387 GT. Pour l'heure tout va (encore) bien. Nous sommes le dimanche matin, la 3387 GT est en troisième position derrière la 3705 GT. Elle est ici à Mulsanne où la Ferrari 250 TRI de Fulp-Ryan a remplacé (définitivement depuis 4 heures du matin) la 3765 LM que Parkes ensabla (temporairement). La Tojeiro de Dickson-Fairman meuble l'arrière-plan. (Bernard Cahier, The Cahier Archive)

3387 GT. For the moment it's all sunshine and roses on Sunday morning as 3387 GT is in third place behind 3705 GT. It is photographed at Mulsanne where the Fulp-Ryan Ferrari 250 TRI has replaced (for good since 04:00) the 3765 LM in which Parkes got stuck in the sand bank temporarily. The Dickson-Fairman Tojeiro can be seen in the background. (Bernard Cahier/The Cahier Archive)

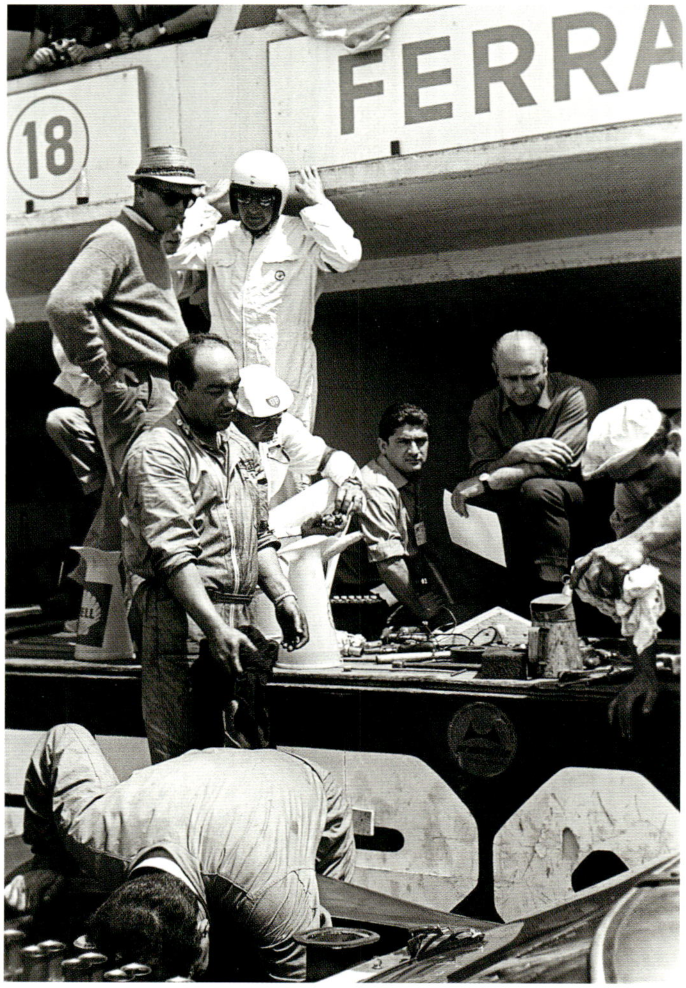

3387 GT. Les minutes s'écoulent ! Sous les yeux de Grossman, prêt à repartir, et ceux d'un Fangio visiblement anxieux, l'espoir d'un podium s'évanouit. Il est midi, chiffons, brocs d'essence, efforts frénétiques n'y feront rien : victime un démarreur défaillant, la 3387 GT s'enfonce dans le classement. (Bernard Cahier, The Cahier Archive)

3387 GT. Time ebbs away. It's midday and 3387 GT suffering from a defective starter is tumbling down to the bottom of the time sheets watched by Grossman ready to restart and Fangio, whose worry is plainly etched on his face, as hopes of a podium finish are starting to fade. Rags, cans of fuel, frenetic effort are of no use. (Bernard Cahier/ The Cahier Archive)

2643 GT. Face à une concurrence relevée, la 2643 GT, inchangée par rapport à l'année précédente, ne pouvait prétendre aux premières places. Sagement conduite par Ed Hugus et George Reed, elle pointait en vingt et unième position après une heure de course et entreprenait de remonter sans à-coups. Septième tout au long du dimanche matin, elle concédait deux places vers la fin et terminait neuvième ; contrat rempli. (Bernard Cahier, The Cahier Archive)

2643 GT. 2643 GT, unchanged compared to the previous year, was up against tough opposition and was not a potential front-runner. Prudently driven by Ed Hugus and George Reed, it was 21st after an hour's racing and began a discreet fight back. It spent most of Sunday morning in seventh spot and fell back two places towards the end of the race seeing the flag in ninth position – mission accomplished. (Bernard Cahier/ The Cahier Archive)

3769 GT. La 3769 GT ne récompensa pas Tavano-Simon de leurs efforts. Onzième à la fin de la première heure, elle resta longtemps en cinquième position avant d'être ralentie par des ennuis de transmission. Elle abandonna le dimanche matin sur bris de cardan. Elle est vue ici aux prises avec la 3445 GT de Vaccarella-Scarlatti dont elle se débarrassera peu après. (Bernard Cahier, The Cahier Archive)

3769 GT. Tavano-Simon's efforts in 3769 GT were in vain. It was 11th at the end of the first hour and held on to fifth for a long time before being delayed by transmission problems. It retired on Sunday morning when a universal joint broke. Here it is battling with 3445 GT driven by Vaccarella-Scarlatti, which it soon left behind. (Bernard Cahier/ The Cahier Archive)

3445 GT. Entrée dans l'arène pour la 3445 GT de Vaccarella-Scarlatti (n° 58) et la Ferrari 250 GT Drogo (2819 GT) d'Abate-Davis qui ont en commun de courir sous les couleurs de la Scuderia Serenissima. Pour l'heure, tout est possible. (Bernard Cahier, The Cahier Archive)

3445 GT. The Vaccarella-Scarlatti 3445 GT (no. 58) and the Ferrari 250 GT Drogo (2819 GT) of Abate-Davis are on the way to the line-up. What they have in common is that they are racing under the Scuderia Serenissima banner. For the moment everything is still possible. (Bernard Cahier/The Cahier Archive)

3445 GT. Il est 19 heures, la 3445 GT de Vaccarella-Scarlatti entame un bras de fer avec la Maserati de Trintignant-Bianchi. Il en sera ainsi jusqu'à minuit, c'est-à-dire jusqu'au retrait de la Maserati par crainte de déchapage en raison d'une anomalie du train arrière provoquant une usure anormale des pneus. La 3445 GT atteindra la septième place avant de se retirer le dimanche matin sur ennuis de soupapes. (Bernard Cahier, The Cahier Archive)

3445 GT. It is 19:00, the Vaccarella-Scarlatti 3445 GT has just begun to lock horns with the Trintignant-Bianchi Maserati, a battle that would last until midnight when the Maserati was withdrawn because of fear of throwing treads due to an anomaly in the rear drive train leading to excessive tyre wear. 3445 GT got up to seventh place before going out on Sunday morning due to valve glitches. (Bernard Cahier/The Cahier Archive)

3765 LM. Malgré les apparences, la 3765 LM n° 7 de Parkes-Bandini (on remarquera ses feux arrière surélevés) n'est pas à la poursuite de la 3757 GT n° 22 d'"Eldé"-"Beurlys", pas plus que cette dernière n'est à la poursuite de la Jaguar n° 10 de Cunningham-Salvadori, mais en queue de peloton après sa mésaventure à Mulsanne où Parkes l'a ensablée dès le premier tour. Revenue dans la course après une heure d'immobilisation, elle resta engluée dans le fond du classement jusqu'à son abandon peu après 22 heures.
(Bernard Cahier, The Cahier Archive)

3765 LM. Despite appearances 3765 LM (no. 7) driven by Parkes-Bandini (notice its protruding rear lights) is not in pursuit of 3757 GT (no. 22) in the hands of "Eldé"-"Beurlys" which, in turn, is not chasing the Cunningham-Salvadori E-Type (no. 10). No. 7 is, in fact, at the back of the field after its misadventure at Mulsanne when Parkes beached it in the sand bank on the first lap. It rejoined the race after an hour's immobilisation and remained stuck at the bottom of the time sheets until its retirement shortly after 22:00. (Bernard Cahier/The Cahier Archive)

UNLOP
DUNLOP
DUN
7

15 et 16 juin 1963

En avril, les Américains n'étaient pas dans la Sarthe. Mais auraient-ils menacé la prestation de Surtees (250 P), ou celle de Parkes dont la Berlinette 330 LM fut la plus véloce des Prototypes GT ? Non, compte tenu de ce qui allait suivre. Car en juin, malgré trois Jaguar E, quatre Aston Martin, deux AC Cobra et une Maserati contre onze Ferrari, les paris n'ont pas évolué : Maranello va gagner une course dont le départ est donné en fonction des temps réalisés aux essais, soit pour le trio de tête : Rodriguez-Penske (330 TRI/LM), Scarfiotti-Bandini (250 P) et Parkes-Maglioli (250 P). La plus rapide des quatre GTO (Abate-Tavano) est quatorzième. Seize heures, un départ fulgurant de Phil Hill (Aston Martin DP 215) ;

15 - 16 June 1963

In April, the Americans had not yet invaded the Sarthe. But would they have posed a threat to the speed of Surtees (250 P), or Parkes whose Berlinetta 330 LM was the fastest of the GT Prototypes? No is the answer taking into account what was to follow. In June 1963, despite three E-Type Jaguars, four Aston Martins, two AC Cobras and a Maserati against 11 Ferraris, the odds were still more or less the same. Maranello won a race in which the start was given in the order of the times set in practice the first three being Rodriguez-Penske (330 TRI/LM), Scarfiotti-Bandini (250 P) and Parkes-Maglioli (250 P). The quickest of the four GTOs (Abate-Tavano) was 14th. At 16:00, Phil Hill in the Aston Martin DP 215 made a

Les plus prompts au départ ou les mieux placés ont déjà filé. Parmi ceux lancés à leur poursuite, on reconnaîtra la Maserati 151 pilotée par Simon (n° 2), qui ne tardera pas à prendre la tête pour la conserver durant quatorze tours, suivie de la 4757 GT d'Abate-Tavano (n° 20) et de la 4293 GT de "Beurlys"-Langlois van Ophem (n° 24). (Bernard Cahier, The Cahier Archive)

The quickest cars and those best placed at the start are already out of sight. Among their pursuers is the Maserati (no. 2) driven by Simon, which soon took the lead and held it for 14 laps, followed by 4757 GT of Abate-Tavano (no. 20) and 4293 GT in the hands of "Beurlys"-Langlois van Ophem (no. 24). (Bernard Cahier/The Cahier Archive)

un baroud d'honneur de deux heures offert par Simon (Maserati), puis son abandon, pont arrière cassé, et plus rien, sinon des Aston Martin déjà à la peine, des Jaguar sans souffle et des Cobra en attente. Résultat : à 19 heures, une évidence s'impose, avec l'aide du beau temps et six voitures en tête, Ferrari est parti pour tout engranger.

Et ce fut le cas. Non sans émotion : le dimanche matin, après quinze heures passées en tête, la 250 P de Mairesse-Surtees possédait deux tours d'avance sur celle de Scarfiotti-Bandini, quand le Belge sortit dans les fascines et se blessa sérieusement au bras en sautant de sa voiture soudainement en feu, une coulée de carburant s'étant répandue sur le pot d'échappement après un ravitaillement précipité. Ni sans tracas avec cinq abandons, dont ceux d'Abate-Tavano sur une sortie de route du premier, de Guichet-Noblet (330 LM-4381 SA), perte d'huile accidentelle, de Gurney-Hall (330 LM-4453 SA), boîte de vitesses, ou encore de Rodriguez-Penske, rupture d'une canalisation d'huile. Mais victoires (distance, indice, classe et prototype) et nouveau record absolu à la distance il y eut pour Scarfiotti-Bandini ; victoires augmentées de la troisième place de Parkes-Maglioli et de la cinquième de Sears-Salmon (330 LM-4725 SA).

Mais l'exploit revient à deux GTO : celle de "Beurlys" et Langlois van Ophem qui, reléguée à la vingt-huitième place au début de l'épreuve par des ennuis d'allumage, finit deuxième au général et première des GT. Et celle d'"Eldé"-Dumay, quatrième, mais qui aurait pu prétendre à mieux sans des ennuis de freinage à quelques encablures de l'arrivée.

lightning start. André Simon's fireworks display in the Maserati lasted two hours and then he vanished (broken rear axle). After that the opposition including the Aston Martins already in trouble, the Jaguars too slow and the Cobras playing a waiting game meant that Ferrari had no opposition worthy of the name. The result was that at 19:00 it was obvious that helped by the good weather and six cars in the first six places Ferrari was on its way to a clean sweep.

And that's what happened though not without a few incidents. On Sunday morning, after 15 hours in first place, the Mairesse-Surtees 250 P had a two-lap lead over its sister car driven by Scarfiotti-Bandini when the Belgian went off into the fencing and injured his arm badly when he jumped from his car, which suddenly burst into flames, the result of a hasty refuelling stop after which petrol escaped from the over-filled tank, fell onto the hot exhaust pipe and ignited instantly! Or without some hassle after five retirements including that of Abate-Tavano when the former crashed out. Guichet-Noblet (330 LM-4381 SA) lost oil and the Gurney-Hall 330 LM-4453 SA suffered gearbox issues while the Rodriguez-Penske car had a ruptured oil line. But Scarfiotti-Bandini scooped the pool winning the race, class and prototype category as well as setting a new distance record and clinching the Index of Performance. Their victories were enhanced by Parkes-Maglioli's third place and Sears-Salmon (330 LM-4725 SA) in fifth. But the real exploits in the race were those of two GTOs: "Beurlys" and Langlois van Ophem who, after falling back to 28th place early on due to ignition problems, finished second overall and first in GT. And "Eldé"-Dumay, fourth, who could have done even better until slowed by brake problems with the finish almost in sight!

Résultats

250 GTO - 4293 GT n° 24.

Équipe nationale belge. "Beurlys"-G. Langlois van Ophem. 2e-1er GT 3.0.

250 GTO - 4153 GT n° 25.

Pierre Dumay. "Eldé"-Pierre Dumay. 4e.

250 GTO - 4713 GT n° 26.

NART. Masten Gregory-David Piper. 6e.

250 GTO - 4757 GT n° 20.

Ferrari. Carlo Mario Abate-Fernand Tavano. Ab, accident. Rtd, accident.

4293 GT. Seizième à l'issue des essais (4' 07" 8), la 4293 GT fit une course superbe aux mains de "Beurlys"-Langlois van Ophem. Reléguée à la vingt-huitième place peu après le départ en raison d'ennuis d'allumage, elle combla progressivement son retard. Cinquième à la mi-course, elle profita d'un ralentissement de la Ferrari 250 P de Parkes-Maglioli dans la dernière heure pour prendre la deuxième place. Elle est vue ici devant une Alpine et dans le sillage de la Ferrari 330 TRI/LM de Rodriguez-Penske. (Bernard Cahier, The Cahier Archive)

4293 GT. 4293 GT 16th-fastest in practice (4m 07.8s) put on a superb performance in the race driven by "Beurlys"-Langlois van Ophem. Shortly after the start it suffered ignition problems and fell back to 28th place, but it gradually made up for lost time. At half distance it was lying fifth and it took advantage of the glitches that slowed the Parkes-Maglioli Ferrari 250 P in the final hour to move up into second. Here it is seen in front of an Alpine. and in the wake of the Rodriguez-Penske Ferrari 330 TRI/LM. (Bernard Cahier/The Cahier Archive)

4153 GT. Refusée en mars, la 4153 GT fut engagée lors du pesage, les organisateurs manquant de voitures. Quatorzième à l'issue des essais (4' 06" 9), mal partie, elle est en cet instant dix-neuvième devant la Cobra d'Hugus-Jopp, qui n'atteindra pas la mi-course. Au fond, on distingue la René Bonnet de Roger Masson qui a heurté les fascines peu avant la première demi-heure, heureusement sans mal pour lui. Quatrième à la mi-course, longtemps deuxième, elle aurait pu remporter la catégorie GT sans les ennuis de freins qui l'accablèrent à trois heures de la fin. Elle termina quatrième. (Bernard Cahier, The Cahier Archive)

4153 GT. 4153 GT's entry was refused in March and then accepted during scrutineering as the organisers were short of cars. After setting the 14th-best time in practice (4m 06.9s) it made a bad start and is now 17th in front of the Hugus-Jopp Cobra that retired before half distance. In the background is Roger Masson's René Bonnet, which hit the fences in the first half-hour of the race fortunately without injury to the driver. 4153 GT was fourth at the half-way mark and then spent a long time in second place. It could have won the GT category were it not for the brake problems that struck three hours before the end. It came home fourth. (Bernard Cahier/ The Cahier Archive)

4713 GT. Quinzième à l'issue des essais (4' 07" 2), la 4713 GT, superbement pilotée par David Piper et (fougueusement) par Masten Gregory, atteignit la troisième place (la première de la catégorie GT) à la fin de la onzième heure avant d'être retardée par une sortie de route de l'Américain au virage d'Indianapolis. Elle termina sixième, troisième de sa catégorie. Elle est vue peu après la première demi-heure de course aux prises avec l'Aston Martin de Phil Hill-Bianchi alors que l'accident de Roger Masson vient d'avoir lieu, ce qui explique la présence de commissaires sur la piste, puis à la lutte avec la 4293 GT de "Beurlys"-Langlois van Ophem. (Bernard Cahier, The Cahier Archive)

4713 GT. Superbly driven by David Piper and Masten Gregory in his usual press-on style, 4713 GT (15th in practice, 4m 07.2s) was in third place and leading the GTs at the end of the 11th hour before being delayed by an off by the American at Indianapolis: the GTO finished sixth and third in its category. Here it is battling with the Phil Hill-Bianchi Aston Martin soon after the first half-hour of the race. Roger Masson has just crashed which explains the presence of marshals on the track. It then locked horns with the "Beurlys"-Langlois van Ophem 4293 GT. (Bernard Cahier/The Cahier Archive)

TOTAL
SHELL
26
24

20
20

TOTAL
MOTUL
20

4757 GT. Partie en quinzième position (4' 05" 5), la 4757 GT, dont l'engagement avait été "sous-traité" par l'usine à la Scuderia Serenissima du comte Volpi, fit aux mains d'Abate-Tavano un début de course prometteur. Longtemps à la lutte avec la Porsche 718 GTR de Bonnier-Maggs, elle remonta progressivement et atteignit la troisième place à la fin de la septième heure. Un espoir qui allait grandissant jusqu'au moment où l'Italien, à trop vouloir tutoyer les fascines, les rencontrait à Maison Blanche. (Bernard Cahier, The Cahier Archive)

4757 GT. 4757 GT whose entry was run by Count Volpi's Scuderia Serenissima on behalf of the factory was 15th-quickest in practice (4m 05.5s) and made a promising start to the race driven by Abate-Tavano. It had a long scrap with the Bonnier-Maggs Porsche 718 GTR, and moved progressively up the time sheets slotting into third place at the end of the seventh hour. The team's hopes began to grow until the moment when the Italian who had been shaving the fencing finally hit it in Maison Blanche. (Bernard Cahier/The Cahier Archive)

20 et 21 juin 1964

Avec deux AC Cobra (GT) et deux Ford Prototype, les Américains étaient dans la Sarthe en avril : ils en repartirent penauds. Car l'apprentissage, face à des Ferrari d'usine souveraines, fut brutal avec une Ford détruite, sur une sortie de route de Schlesser le premier jour, et une autre abîmée, le lendemain avec Salvadori.
Conséquence ? En juin, le duel était claironné avec réserve : "Ford n'espère pas détrôner les champions, mais plutôt préparer son succès en 1965" (John Wyer). Mais avec trois Ford et trois Cobra, Dearborn entendait bien priver Ferrari de podium quand l'essentiel pour Aston Martin, Maserati, Jaguar et Iso-Rivolta était de participer. La preuve, la Ford de Ginther-Gregory, sixième lors de la première manche d'essais, était deuxième de la

20 - 21 June 1964

The Americans arrived in the Sarthe in April with two AC Cobras (GT) and two Ford Prototypes and they left empty-handed. They had a brutal awakening to the magnitude of the challenge they had taken on in relation to the dominant works Ferraris. One Ford was destroyed when Schlesser crashed on the first day and the other with Salvadori at the wheel was badly damaged the following one.
And the consequences? The duel was announced in June but with a few caveats: "Ford isn't hoping to topple the champions, but to prepare for success in 1965" (John Wyer). However, with three Fords and three Cobras, Dearborn's intention was knock Ferrari off the podium while for Aston Martin, Maserati, Jaguar and

seconde, derrière la 330 P de Surtees-Bandini (3' 42"). Et signe des temps, en GT, la première GTO, celle de Bianchi-"Beurlys", pointait à la dix-neuvième place, dix rangs derrière la plus rapide des Cobra (Gurney-Bondurant).

Iso-Rivolta just taking part was the name of the game. The performance of the Ginther-Gregory Ford clearly proved the Blue Oval's intentions. It was sixth in the first practice session and second in the second behind

L'intensité d'une tradition sacrifiée sur l'autel de la sécurité tient en ces deux photos. Il est 16 heures, courant vers leur voiture rangée en épi, on reconnaîtra, sachant que le premier nom est (théoriquement) celui du pilote prenant le départ : Surtees-Bandini (Ferrari 330 P n° 19), Ginther-Gregory (Ford GT 40n° 11), Rodriguez-Hudson (Ferrari 330 P n° 15), Phil Hill-McLaren (Ford GT 40 n° 10), Graham Hill-Bonnier (Ferrari 330 P n° 14), Parkes-Scarfiotti (Ferrari 275 P n° 21), les futurs vainqueurs Guichet-Vaccarella (Ferrari 275 P n° 20), Piper-Rindt (Ferrari 275 LM n° 58), Attwood-Schlesser (Ford GT 40 n° 12) et Gurney-Bondurant (Ford Cobra n° 5). (Bernard Cahier, The Cahier Archive)

The power of a tradition sacrificed in the name of safety is summed up in these two photos. It is 16:00 and the drivers are about to run to their cars lined up in herringbone style remembering that the first-named is (theoretically anyway) the driver taking the start: Surtees-Bandini (Ferrari 330 P no. 19), Ginther-Gregory (Ford GT 40 no. 11), Rodriguez-Hudson (Ferrari 330 P no. 15), Phil Hill-McLaren (Ford GT 40 no. 10), Graham Hill-Bonnier (Ferrari 330 P no. 14), Parkes-Scarfiotti (Ferrari 275 P no. 21), the future winners Guichet-Vaccarella (Ferrari 275 P no. 20), Piper-Rindt (Ferrari 275 LM no. 58), Attwood-Schlesser (Ford GT 40 no. 12) and Gurney-Bondurant (Ford Cobra no. 5).
(Bernard Cahier/The Cahier Archive)

Une situation de domination qui n'avait pas échappé à l'Automobile Club d'Italie à l'origine d'une réclamation pour s'opposer à l'engagement des Cobra de Shelby en tant que coupés quand sa fiche d'homologation concernait des roadsters. Une réclamation fallacieuse, et finalement repoussée : l'Annexe J autorisant toute modification de la carrosserie en catégorie GT. Ce que l'Américain apprit à trois heures du départ !
Qu'importe ! Ferrari triompha au général avec la 275 P de Guichet-Vaccarella (en tête dès la mi-course) et même réalisa le triplé. Mais la lutte contre Ford, loin de durer une soirée, s'éteignit au petit jour avec le retrait de celle de Phil Hill-McLaren, alors quatrièmes. Et, résultat prévisible au vu des essais, en GT Maranello s'inclina devant la Cobra de Gurney-Bondurant restée seule contre trois GTO, après la disqualification de Neerpasch-Amon et l'accident de l'AC de Bolton-Sears. Certes, Tavano-Grossman, premiers des GT à 8 heures du matin avant de rétrograder sur ennuis de moteur, puis Bianchi-"Beurlys" et Ireland-Maggs nourrirent l'espoir d'une victoire italienne, mais avant midi tout était consommé : la GTO de l'Écossais donnait des signes de fatigue, et Bianchi perdait temps et illusion lors d'un changement de bougies. Qu'importe, malgré des problèmes de freins et une canalisation d'huile obstruée, la Cobra américaine (superbement pilotée) rallia l'arrivée avec deux boucles d'avance sur la GTO de l'Équipe nationale belge et six sur celle de Maranello Concessionaires. Autre preuve de la faiblesse des italiennes, les deux GT qui figuraient parmi les quatorze voitures chronométrées en dessous des quatre minutes étaient les deux Cobra de Shelby !

the Surtees-Bandini 330 P (3m 42s). And a sign of the way the wind was blowing in GT was that the fastest GTO driven by Bianchi-"Beurlys" finished in 19th place 10 behind the quickest Cobra (Gurney-Bondurant). This domination did not escape the eagle eye of the Italian Automobile Club, which lodged a protest to oppose the entry of the Shelby Cobras in coupe form when its homologation form concerned roadsters. This spurious complaint was rejected as Appendix J authorised all modifications to the bodywork in GT as the Americans learned three hours before the start!
Whatever! Ferrari scored victory in the overall classification with the Guichet-Vaccarella 275 P (in the lead from the halfway mark onwards) and clinched a triple. But the battle with Ford, far from lasting just an evening, continued into the small hours of the morning when the Phil Hill-McLaren GT40 in fourth place retired. And in GT the expected result after the Cobras' performance in practice materialised as the Maranello cars were beaten by the Gurney-Bondurant coupe that fought a lone battle against three GTOs after the disqualification of Neerpasch-Amon and the Bolton-Sears AC's accident. Tavano-Grossman in the lead in the GT category at 08:00 on Sunday morning before falling back due to engine problems, then Bianchi-"Beurlys" and Ireland-Maggs kept the hopes of an Italian victory alive, but by midday it was all over bar the shouting. The GTO driven by the Scot began to fade and Bianchi lost both time and his illusions during a plug change. It didn't matter and despite brake problems and a blocked oil line the superbly driven American Cobra took the chequered flag with two laps in hand over the GTO

Résultats

250 GTO 64 - 5575 GT n° 24.

Équipe nationale belge. Lucien Bianchi-"Beurlys". 5e-1er GT 3.0.

250 GTO 64 - 4399 GT n° 25.

Maranello Concessionaires. Innes Ireland-Tony Maggs. 6e.

250 GTO 64 - 5573 GT n° 27.

NART. Fernand Tavano-Bob Grossman. 9e.

250 GTO 64 - 5571 GT n° 26.

NART. Ed Hugus-José Rosinski. Ab, différentiel. \ Rtd, differential.

5575 GT. Dix-neuvième à l'issue des essais (4' 03" 4), mais la plus rapide des GTO, la 5575 GT de Bianchi-"Beurlys" (vue ici pourchassée peu après le départ par la Jaguar de Lumsden-Sargent) pointait en dixième position au quart de l'épreuve, puis à la huitième place à la mi-course avant d'être ralentie dans la nuit par le givrage de ses carburateurs (4 °C devant les stands de ravitaillement !) et au matin par un changement de bougies. Sixième aux trois quarts de la course, elle passait (définitivement) en cinquième position à la faveur des problèmes de moteur affectant la 5573 GT de Tavano-Grossman. (Bernard Cahier, The Cahier Archive)

5575 GT. Nineteenth after practice in 4m 03.4s, 5575 GT driven by Bianchi-"Beurlys", pursued here by the Lumsden-Sargent E-Type Jaguar, was the quickest of the GTOs. It was in 10th place after a quarter of the race, eighth at half distance before being slowed during the night when its carburettors froze up (4°C in front of the pits!), and a plug change and in the morning. Sixth at the three-quarter mark it was promoted to fifth place (where it finished) when 5573 GT with Tavano-Grossman at the wheel suffered engine problems. (Bernard Cahier/The Cahier Archive)

run by the Équipe nationale belge and six in front of the Maranello Concessionaires entry. Another proof of the weakness of the Italian cars was that the two GTs, which appeared among the 14 cars that lapped in under four minutes, were the two Shelby Cobras!

4399 GT. Vingtième à l'issue des essais (4' 04" 5), dixième à la mi-course, la 4399 GT, pilotée par un équipage surprenant de sagesse (Ireland-Maggs), fit une course des plus régulières. Sixième le dimanche matin à la faveur des abandons, elle ralliera l'arrivée sans être inquiétée, l'ordre des six premiers étant figé dès la dix-neuvième heure de course. On remarquera sur le pavillon le décrochement favorisant l'écoulement de l'air. (Bernard Cahier, The Cahier Archive)

4399 GT. Twentieth when practice ended (4m 04.5s), tenth at the halfway mark 4399 GT driven by an unusually prudent Ireland- Maggs (!) enjoyed a very consistent race. It moved up into sixth place on Sunday morning as retirements intervened where it finished as the order of the first six did not change after the 19th hour. On the roof is a recess enhancing the air flow. (Bernard Cahier/ The Cahier Archive)

5573 GT. Vingt-deuxième au départ (4' 04" 9), la 5573 GT, pilotée par Tavano-Grossman, un équipage qui avait terminé cinquième en 1959, pointait en quatrième position à 9 heures du matin quand elle connut des ennuis de moteur (soupapes voilées) avec Tavano au volant. Il fallut alors toute l'insistance de Chinetti pour convaincre le Manceau de continuer. Elle termina neuvième. (Bernard Cahier, The Cahier Archive)

5573 GT. Twenty-second at the start (4m 04.9s in practice), 5573 GT driven by Tavano-Grossman who had finished fifth in 1959 was lying fourth on Sunday morning when it suffered engine problems (warped valves) at 09:00 with Tavano at the wheel. Chinetti had his work cut out to persuade the driver from Le Mans to continue to a ninth-place finish at the chequered flag. (Bernard Cahier/The Cahier Archive)

5571 GT. Partie en vingt-cinquième position (4' 14" 1), pointée vingt et unième à la fin de la première heure de course, la 5571 GT n'alla pas plus haut que la treizième place. Elle abandonna peu après minuit de façon spectaculaire : alors qu'elle passait devant les tribunes, conduite par Hugus, un croisillon de cardan d'arbre de transmission se cassait en entraînant l'explosion du pont arrière et un éparpillement d'éclats dont un, soulevé par le passage d'un concurrent, blessa sans gravité un spectateur. (Bernard Cahier, The Cahier Archive)

5571 GT. 5571 GT started the race in 25th place (4m 14.1s) and was lying 21st at the end of the first hour. The highest it got was 13th. It retired shortly after midnight in spectacular fashion when it was passing in front of the grandstands driven by Hugus. A transmission shaft bearing broke leading to the explosion of the rear axle and bits of metal being scattered over the track, one of which was thrown up by a passing car and injured a spectator, but not seriously. (Bernard Cahier/The Cahier Archive)

L'EQUIPE
MARC
BP
BP
FEROD
26
26

Le Tour de France
The Tour de France

Difficile de croire que le Tour de France automobile se disputait dans une ambiance de ferveur populaire comparable à celle des Mille Miglia. Difficile aussi de croire que l'épreuve, "destinée dans l'esprit de ses promoteurs passés et présents à rapprocher le sport automobile du public", est née, en 1899, quatre ans avant l'autre Tour, cycliste celui-là. Que son histoire fut chaotique avec des périodes d'éclipse et de renaissance ou que son règlement subit les exigences du moment, rien ne l'empêcha de mêler "sur les routes de tout le monde" des voitures théoriquement conformes au Code la route, avec une exigence : leur faire parcourir un kilométrage élevé et participer à un large éventail d'épreuves disputées sur circuits de vitesse et en montagne.

Disparu du calendrier pendant vingt ans, le Tour de France réapparut en 1951 à l'initiative de l'Automobile Club de Nice et de *L'Équipe*. "Pagnibon" et Barraquet en furent les vainqueurs sur Ferrari 212 Export. Interrompu par la catastrophe du Mans, le Tour reprit en 1956 avec le concours de la société Shell. De Portago, associé à Nelson, l'emporta sur Ferrari 250 GT. Avec ce succès, Maranello venait d'imprimer de sa marque l'épreuve française. Les Belges aussi, car durant les cinq éditions suivantes ce fut bien *La Brabançonne* que firent retentir Gendebien et Bianchi (1957, 1958 et 1959) puis Mairesse et Berger (1960 et 1961).

Selon les éditions, deux classements furent à distinguer : le classement général (ou scratch), qui reposait sur le total des kilomètres parcourus au cours d'épreuves spéciales, total diminué ou non des pénalités, exprimées en kilomètres, pour infraction au règlement. Et, remplaçant à partir de 1962 le classement à l'indice, un classement handicap, le résultat des épreuves étant affecté d'un coefficient, dépendant de la cylindrée de la voiture.

Today, it's difficult to believe that the Tour de France Automobile was run in an ambience of popular fervour comparable to that of the Mille Miglia. It's also difficult to believe that this event "destined in the spirit of its promoters past and present to bring motor sport and the public closer together," was created in 1899, four years before the other Tour for bicycles. Although its history has been chaotic with periods when it didn't take place and was then revived or its regulations were adapted to meet current requirements, nothing stopped it from mixing "on roads used by everyday motorists" cars theoretically in compliance with the Highway Code, but with one prerequisite: make them cover a long distance in kilometers and take part in a wide range of events run on circuits plus hill climbs.

After vanishing from the calendar for 20 years the Tour de France reappeared in 1951 on the initiative of the Nice Automobile Club and *l'Équipe*. "Pagnibon" and Barraquet won it in a Ferrari 212 Export. It was cancelled in the wake of the tragic Le Mans accident and began again in 1956 sponsored by Shell. Fon De Portago and Ed Nelson triumphed in a Ferrari 250 GT. This success helped Maranello to leave its mark on the French event. Belgians too as in the next five races victory went to Gendebien-Bianchi (1957, 58 and 59) and Mairesse-Berger (1960 and 61).

Depending on the Tours there were two classifications: the overall or scratch one based on the total number of kilometres covered in the special stages from which penalties in kilometers were deducted for infringements of the regulations. And from 1962 onwards, the Index was replaced by a handicap classification as the result of the events was given a coefficient depending on the cubic capacity of the car.

16 au 23 septembre 1962

16-23 September 1962

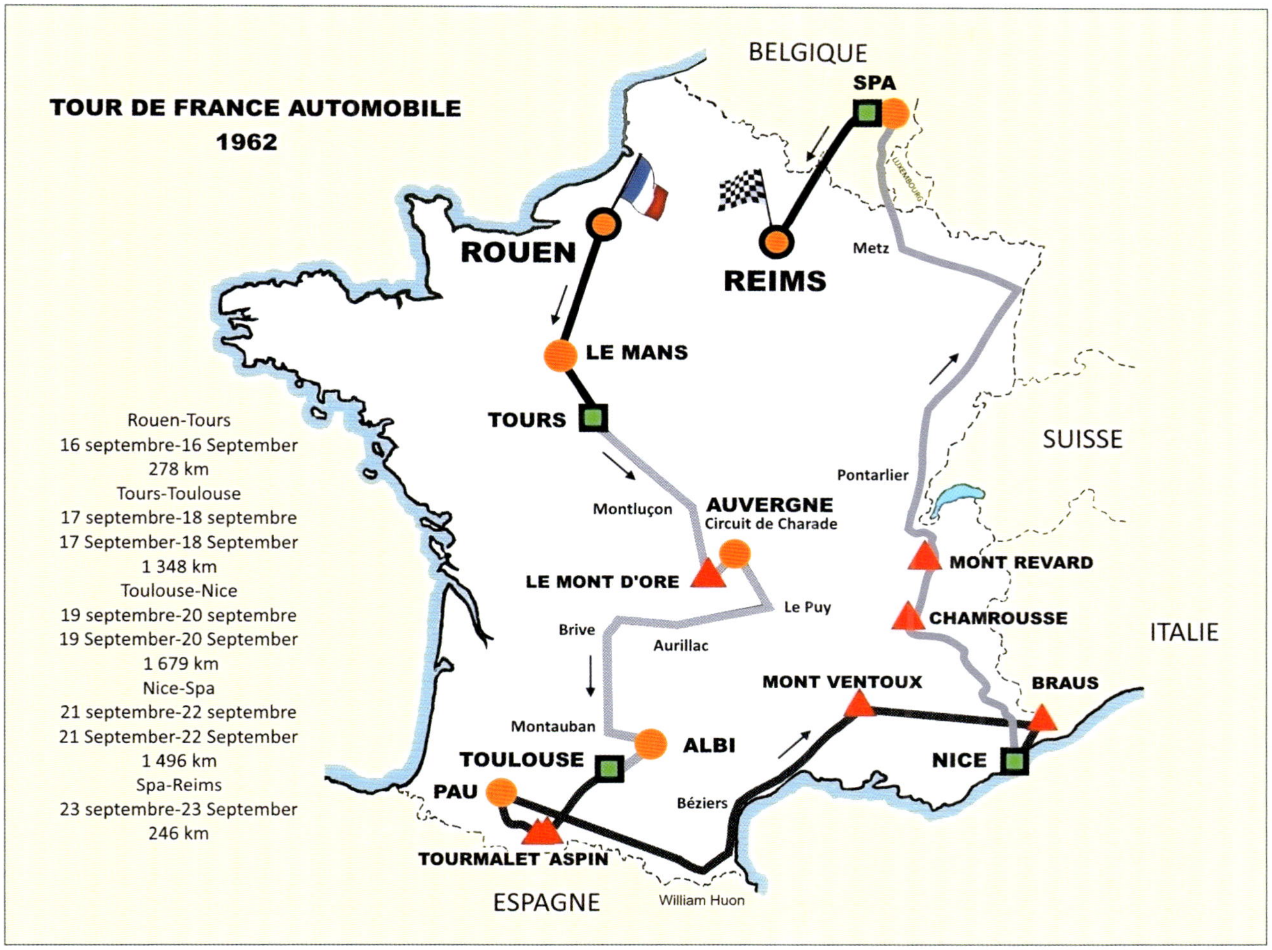

Avec douze Ferrari en catégorie Grand Tourisme, il paraît évident que la onzième édition du Tour de France automobile reviendra à Maranello. Regret ou soulagement, les absences de Gendebien et de Mairesse (qui court à Monza) donnent l'espoir d'une épreuve plus équilibrée, en tout cas voulue plus ardente, les organisateurs ayant pris le risque d'un départ jugé "brutal" (Moity) dès la première étape !

De fait, à Rouen, où les concurrents partent dans l'ordre des numéros, Abate, bien servi par le sien, en profite pour s'échapper. Berney, Tavano et Schlesser suivent. Bouillant, le Lorrain part d'emblée à la poursuite de l'Italien ; il ne le double qu'après plusieurs tours, et remporte une manche qui souligne déjà l'intense rivalité qui oppose Abate, deuxième, et Guichet, troisième.

There were 12 Ferraris in the Grand Touring category so it looked like a Maranello victory in the 11th staging of the Tour de France automobile was a foregone conclusion. Did the organisers and entrants greet the absences of Gendebien and Mairesse (who was racing at Monza) with regret or a sigh of relief as it gave hope for a more balanced event which, the organisers hoped, would be more competitive as they had taken the risk of giving a "brutal" start according to Christian Moity from the first leg onwards!

In fact, in Rouen where the competitors started in the order of their numbers, Abate helped by his position took advantage of this to open up a gap. Berney, Tavano and Schlesser were next up. The driver from Lorraine was all fired up and set off

Sur le circuit de Rouen-les-Essarts, plus particulièrement au virage du Nouveau Monde, Berney, n° 158 (3909 GT), Schlesser, n° 156 (3851 GT), et Guichet, n° 148 (3705 GT), sont à la poursuite d'Abate qui vient de passer. Schlesser l'emportera devant l'Italien et Guichet. Le Suisse finira cinquième. (Archives Maurice Louche)

At the Nouveau Monde corner on the Rouen-les-Essarts circuit, Berney, no. 158 (3909 GT), Schlesser, no. 156 (3851 GT) and Guichet, no. 148 (3705 GT) are in hot pursuit of Abate who has just gone through. Victory went to Schlesser from the Italian and Guichet. The Swiss driver finished fifth. (Archives Maurice Louche)

L'épreuve mancelle a lieu dans l'après-midi. Au premier tour, cinq GTO déboulent en paquet les Hunaudières et abordent Mulsanne sans fléchir. Schlesser amorce sa trajectoire à l'extérieur. Guichet est à l'intérieur quand la présence de Bianchi, menacé par Abate, le force à faire un écart qui n'offre au Lorrain pas d'autre alternative que de s'échouer dans le talus de sable (aidé par Oreiller, autorisé à lui venir en aide, Schlesser mettra près d'une heure à s'en dégager). Au soir de l'étape, Abate précède Berney, Guichet, Bianchi, Simon (250 GT SWB), Tavano,

in hot pursuit of the Italian whom he caught after several laps and clinched victory in a heat in which the intense rivalry between Abate second, and Guichet third, was already obvious.

The Le Mans stage took place in the afternoon. On the first lap a pack of five GTOs roared out onto the Mulsanne straight and came into the Mulsanne hairpin with none of the drivers prepared to give an inch. Schlesser took up his line on the outside. Guichet was on the inside where he found Bianchi, under

3851 GT. Circuit de Spa. Que le circuit belge soit encore humide de la pluie tombée au moment du départ importe peu, Schlesser, vu ici à l'attaque du raidillon de l'Eau rouge, est et restera hors d'atteinte. À l'arrivée, il comptabilisera 336,121 km parcourus en deux heures ; derrière Simon (322,635 km), Bianchi (318,777 km) et Piper (311,739 km) ne pourront que mesurer les dégâts. Quoi qu'il en soit, le Belge se rapproche de la victoire finale. La suite est connue. (Archives Maurice Louche)

3851 GT. Spa. Even though the Belgian circuit was still damp from the rain that had fallen at the start, Schlesser seen here pushing hard in the Raidillon was in a class of his own. At the finish he had racked up 336,121 km in two hours. Behind Jo, Simon (322,635 km), Bianchi (318,777 km) and Piper (311,739 km) could only count their losses. But in any case the Belgian was getting closer to overall victory. Or so he thought. We know what happened next! (Archives Maurice Louche)

3767 GT. Huitième à Rouen, sixième au Mans, la 3767 GT commença le Tour de France sur une note sage et le conclut plus résolument en se classant quatrième à Spa et deuxième à Reims. Elle finit quatrième au classement général. Les pénalisations que récoltèrent Piper et Margulies lui coûtèrent la deuxième place. Elle précède ici la 3757 GT de Darville-Langlois van Ophem qui terminera sur le podium. (Archives Maurice Louche)

3767 GT. Eighth in Rouen, sixth at Le Mans 3767 GT kicked off the Tour de France on a low-key note, but finished on a much higher one with fourth at Spa and second at Reims. It saw the flag in fourth spot overall as the penalties that hit Piper and Margulies cost 3767 GT second place. Here it leads 3757 GT driven by Darville-Langlois van Ophem, which finished on the podium. (Archives Maurice Louche)

3769 GT. Chez lui, au Mans, Tavano se devait de briller. Sa prestation n'en fut pas moins terne avec une cinquième place. Il abandonnera peu après Clermont-Ferrand, victime d'un pont arrière défaillant. (Archives Maurice Louche)

3769 GT. Tavano owed it to himself to shine on home turf at Le Mans, which made his fifth-place finish an even more disappointing achievement. He retired soon after Clermont-Ferrand when the rear axle failed. (Archives Maurice Louche)

DUNLOP FO
157

3705 GT. Pour l'heure, tout va bien. La 3705 GT, vue ici avec Guichet au volant, commence la deuxième étape avec une septième place acquise par Clément au Mont-Dore. Le circuit de Charade est proche. La rivalité entre l'Italien Abate et le Français est à son comble : l'aile avant droite de la GTO en fera les frais. Et ce n'est pas fini. (Archives Maurice Louche)

3705 GT. At the moment it's all going well. 3705 GT with Guichet at the wheel here begins the second leg after a seventh place scored by Clément at Mont Dore. The Charade circuit is next up. The rivalry between the Italian and the Frenchman is at its height and the GTO's right-hand front wing will soon bear the scars. And it's far from over! (Archives Maurice Louche)

Piper, Darville. Le tandem Schlesser-Oreiller est trentième : le Tour est (déjà) perdu pour eux !

Commencée à Rouen, la rivalité entre Abate et Guichet s'intensifie. Sur le circuit de Charade, l'Italien accroche deux fois le Français avant d'abandonner à deux tours de la fin, roue avant cassée. Deuxième au Mont-Dore (derrière Abate), Oreiller remporte l'épreuve. Berney est premier au général ; la Ferrari n° 156 est seizième, puis onzième après Albi où Oreiller termine deuxième

threat from Abate, forcing him to widen his trajectory, which left Schlesser no choice but to go into the sand bank. Helped by Oreiller who was allowed to do so, he took almost an hour to dig himself out. That evening, Abate led Berney, Guichet, Bianchi, Simon (250 GT SWB), Tavano, Piper, and Darville. Schlesser-Oreiller were 30th: they had already lost the Tour !

The rivalry between Abate and Guichet that began in Rouen intensified. On the Charade circuit, the Italian

derrière le Suisse, qui conforte son avance au général au terme de la deuxième étape.
L'ascension des cols pyrénéens comble Oreiller qui triomphe à Aspin et au Tourmalet. Bianchi est à chaque fois deuxième. Loin derrière, Simon, déjà retardé par un radiateur obstrué, l'est plus encore après un tête-à-queue dans le col d'Aspin. À Pau, où l'on apprend l'abandon de Guichet, victime d'un accident de la route sans gravité pour l'équipage (ni pour le chauffeur du camion percuté), Schlesser remplace Oreiller. Avec succès : l'heure paloise lui appartient. Berney est deuxième, mais n'ira, malheureusement, guère plus loin, trahi par sa transmission. Conséquence : avant le Ventoux et une nuit à passer sur des routes noyées de brouillard, le ruban jaune revient à Bianchi. À l'aube, et alors que le mont Ventoux se dessine, faveur du destin pour celui qu'il a souvent desservi, Simon est deuxième : durant la nuit, Piper et Margulies, qui se sont abstenus de toute reconnaissance, ont écopé de vingt-six minutes de pénalisation et perdu une seconde place promise. Oreiller, aussi brillant sur les pentes pelées du Ventoux qu'il le fut dans les Pyrénées, l'emporte sur Simon, puis sur Dubois (auquel Bianchi a cédé le volant) dans le col de Braus. À la fin de la troisième étape, Schlesser et Oreiller sont quatrièmes. Bianchi est toujours ruban jaune.
Reste que rien n'est acquis, car si Oreiller prend le meilleur sur Bianchi à Chamrousse, c'est devant le Belge et Simon qu'il s'incline au mont Revard, victime d'un tête-à-queue à vouloir trop en faire devant les siens. Sans charger Schlesser de rattraper à Spa un peu du temps perdu, le Lorrain est irrésistible dans les Ardennes belges. Simon est deuxième ; Piper, qui a additionné neuf minutes de pénalisation sur les routes d'Alsace, quatrième. À l'aube du 23 septembre, et tandis qu'il s'éloigne de Spa, Bianchi, solide leader au général, n'a jamais été aussi près d'une quatrième victoire.
Il n'en sera rien. Un camion laitier qui déboule dans un carrefour à Remouchamps ; l'absence des gendarmes chargés de le surveiller quand la Ferrari l'aborde (ils sont dans un café voisin) : le choc est inévitable et dévastateur. Certes, après une réparation hâtive, Bianchi ralliera Charleville où les mécaniciens de l'assistance Ferrari lui permettront de continuer. Mais à Reims les commissaires arrêteront la GTO mutilée ouvrant à Simon l'espoir d'être sacré et à Schlesser de

tagged the Frenchman twice before retiring two laps from the chequered flag with a broken front wheel. Oreiller who finished second in Mont Dore (behind Abate) emerged victorious. Berney was now first overall. The no. 156 Ferrari was in 16th place and it moved up to 11th after Albi where Oreiller came home second behind the Swiss who consolidated his lead by the end of the second leg.
Oreiller was in his element in the climb up the Pyrenean mountains winning Aspin and Tourmalet followed by Bianchi in second place on both occasions. Far behind these two, Simon, already delayed by an obstructed radiator, lost even more ground after spinning in the Aspin pass. In Pau, where Guichet's retirement was announced after a road accident without injury to the crew (or to the driver of the lorry they hit), Schlesser replaced Oreiller behind the wheel. With success as he triumphed in Pau. Berney was second but not for long as the Swiss was let down by his transmission. The result was that before Ventoux and a night spent on foggy roads Bianchi took the lead. At dawn as the contours of Mont Ventoux took shape Lady Luck smiled on the driver she had often deserted and Simon was now second. During the night Piper and Margulies, who did not do any reconnaissance, were handed a 26-minute penalty and lost second place, which they looked to have sewn up. Oreiller, as brilliant on the bald slopes of Mont Ventoux as he was in the Pyrenees, beat Simon into first place and then Dubois to whom Bianchi had handed over in the Braus pass. At the end of the third leg Schlesser and Oreiller were fourth and Bianchi was still in the lead.
But nothing was set in stone and even if Oreiller got the better of Bianchi in Chamrousse, he was beaten by the Belgian and Simon in Mont Revard, as he spun overdriving in front of his home crowd. Schlesser was in a class of his own at Spa in the Belgian Ardennes and put on a fantastic display (did he perhaps imagine that it was a way of compensating Oreiller for the time lost at Le Mans – who knows?). Simon was second and Piper who had added another nine-minute penalty to his tally on the roads in Alsace was fourth. As 23rd September dawned, Bianchi left Spa solidly installed in the overall lead and had never been so close to his fourth victory.

3909 GT. Berney échange avant le départ de l'épreuve de Charade qu'il terminera deuxième derrière Oreiller (3851 GT). On remarquera que Guichet est déjà en délicatesse avec l'aile avant droite de la 3705 GT. Dans quelques instants, Abate y ajoutera une touche personnelle. (Archives Maurice Louche)

3909 GT. Berney in conversation before the start of the event on the Charade circuit on which he came second behind Oreiller (3851 GT). It can be seen that Guichet already has problems with the right-hand front wing of 3705 GT. In a few seconds Abate would add his own personal touch! (Archives Maurice Louche)

regretter que, sans sa bévue mancelle, ce Tour était le sien. La preuve, en terminant premier à Gueux, le Lorrain passait devant Darville au général, quand Simon, sage cinquième, enrichissait sa victoire au classement général de la première place à l'indice de performance. Brutal et ardent ce fut.

But it was not to be. A milk lorry lumbered into a cross-roads in Remouchamps. There were no gendarmes (they were in a neighbouring cafe!) to monitor the traffic when the Ferrari arrived so the collision was inevitable (and disastrous). After hasty repairs Bianchi made it to Charleville where the mechanics with the Ferrari service team enabled him to continue. But in Reims the stewards stopped the badly damaged GTO opening up the road to victory to Simon and giving Schlesser cause to regret his error at Le Mans without which he would have clinched victory in the Tour. He proved this by winning on the Gueux circuit and overtook Darville in the overall classification while Simon, who finished fifth without taking risks, added victory in the Index of Performance to his first place in the overall ratings. It was indeed a brutal and hotly-contested race!

Résultats

250 GT SWB-2973 GT n° 152.
André Simon. André Simon-Maurice Dupeyron. 1er. 2 000,192 km.

250 GTO - 3851 GT n° 156.
Jo Schlesser. Henri Oreiller-Jo Schlesser. 2e. 1 958,033 km.

250 GTO - 3757 GT n° 150.
Écurie Francorchamps. R. Darville-G. Langlois van Ophem. 3e. 1 944,348 km.

250 GTO - 3767 GT n° 153.
David Piper. David Piper-Dan Margulies. 4e. 1 816,647 km.

250 GTO - 3527 GT n° 151.
Écurie Francorchamps. Lucien Bianchi-Claude Dubois. 7e. 1 569,940 km.

250 GTO - 3445 GT n° 160.
Scuderia Serenissima. Carlo Mario Abate-Sergio Bettoja. Ab, accident. \ Rtd, accident.

250 GTO - 3769 GT n° 157.
Fernand Tavano. Fernand Tavano-Marcel Martin. Ab, transmission. \ Rtd, transmission.

250 GTO - 3705 GT n° 148.
Jean Guichet. Jean Guichet-Jean Clément. Ab, accident. \ Rtd, accident.

250 GTO - 3909 GT n° 158.
Scuderia Serenissima. Edgar Berney-Jean Gretener. Ab, rupture de cardan. \ Rtd ruptured universal joint.

13 au 22 septembre 1963

13-22 September 1963

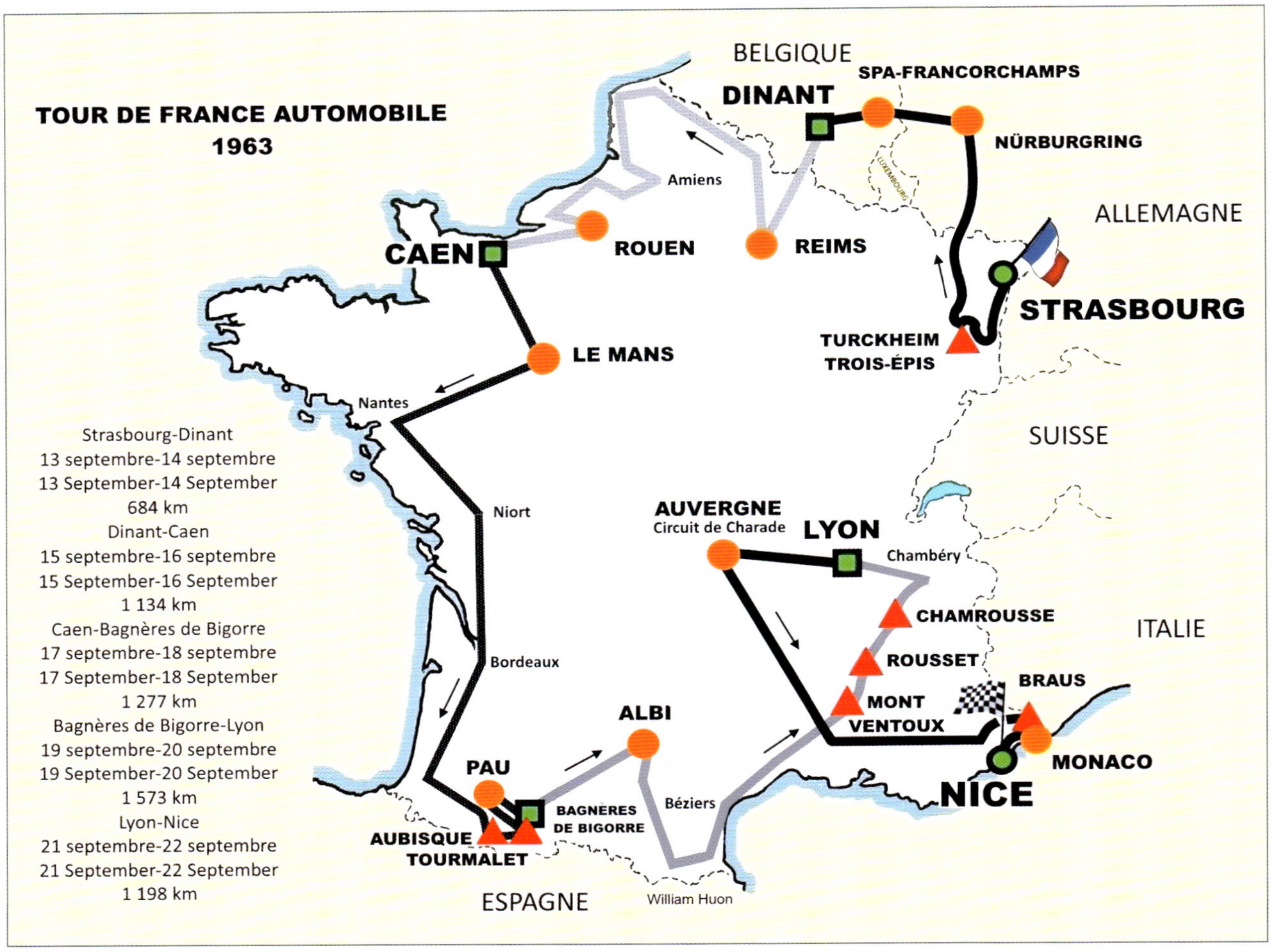

Leguezec coéquipier de Schlesser, Tavano de Bandini, Abate de Bianchi, Behra de Guichet, Gretener de Berney, Fossati de Francolini, dans une épreuve qui compte désormais pour le Championnat du monde des constructeurs, jamais Maranello n'a été aussi bien servie et les équipages aussi rapides ou bouillants, ce qui nuit quand la sagesse fait défaut : la preuve en sera donnée.

Mais en attendant, Schlesser, sur la GTO du NART, remporte la course de Turckheim-Trois Épis, s'incline au Nürburgring, devant Bandini, Bianchi et Guichet, mais se reprend à Spa après s'être (difficilement) défait du Marseillais, tandis que le Belge, aux quatre vents dans une Ferrari ayant perdu ses vitres latérales, termine quatrième distancé par Bandini. À Dinant, terme de la première étape, Schlesser est en tête des GTO, à

Leguezec was Schlesser's team-mate, Tavano Bandini's, Abate Bianchi's, Behra Guichet's, Gretener Berney's and Fossati Francolini's in an event that now counted for the World Championship for Manufacturers. Never had Maranello been so well represented by teams that were as quick as they were fiery, which was to cause problems when caution was thrown to the winds as we shall see!

In the meantime, Schlesser in the NART GTO won the Turckheim-Trois-Épis race, lost at the Nürburgring (beaten by Bandini, Bianchi and Guichet), was back in the winner's circle at Spa after having fought off the man from Marseille, while the Belgian buffeted by gusts of wind in his Ferrari that had lost its side windows came home fourth well behind Bandini. In Dinant, the end of the first leg, Schlesser led the GTOs except for Berney's

l'exception de celle de Berney, ayant abandonné avant Spa, transmission cassée. Reims, que l'on ralliera dès 4 heures du matin, est au menu du lendemain.

Schlesser, pilote au "gros cœur", aime Reims autant que Spa. Certes, Gueux n'est pas Francorchamps, mais les moyennes qu'on y atteint sont comparables, et deux heures en Champagne valent autant que quatre-vingt-dix minutes dans les Ardennes. Lancés dans un duel violent, collés l'un à l'autre, Schlesser et Guichet font d'emblée la différence. Derrière, en retrait et tout aussi soudés, Bandini et Bianchi ferraillent violemment. Dans chaque duel, fort de l'astuce qui consiste à se faire aspirer sur un circuit où l'autonomie des GTO est

that had retired with broken transmission before Spa. Next on the following day's menu was Reims, which the competitors reached at 04:00 in the morning.

Schlesser was a hard-charger and loved Reims as much as Spa. Of course, Gueux wasn't quite Francorchamps, but similar speeds were reached there. And two hours in the Champagne region were worth as much as 90 minutes in the Ardennes. Running neck and neck in a no-holds-barred duel Schlesser and Guichet pulled away from their rivals almost immediately. Further behind were Bandini and Bianchi at it hammer and tongs. In each duel on a circuit where the fuel autonomy of the GTOs was critical, the drivers used

Parc fermé du Nürburgring. La 4757 GT de Bandini-Tavano est au premier plan. Sur un circuit qu'il connaît bien et où il a déjà brillé, Bandini terminera premier devant la 5095 GT de Bianchi-Abate que l'on distingue à côté de la 4713 GT de Schlesser-Leguezec (n° 170). (Archives Ferrari, auteur inconnu)

The Nürburgring parc fermé. In the foreground is the Bandini-Tavano 4757 GT. Bandini finished first on a circuit he knew well on which he had already shone from the Bianchi-Abate 5095 GT beside the 4713 GT of Schlesser-Leguezec (no. 170). (Archivio Ferrari – Autore sconoscuito)

DEPART
SHELL
100m
96520-MO
165
OFFICIEL
12e TOUR DE FRANCE

148
165
96520-MO
SUPER

5111 GT. La 5111 GT, alors en tête au classement général et au classement handicap, est prête à s'élancer sur les pentes du mont Ventoux où Guichet-Behra finiront sagement quatrièmes (15' 36" 1), leur avance sur Bianchi-Abate, qui l'emporteront (14' 47" 2), ne justifiant pas une prise de risque inutile. (Archives Ferrari, auteur inconnu)

5111 GT. Sur le circuit de Monaco, dernière épreuve de classement d'un Tour qui est le sien, Guichet est dans le sillage de la 250 GT de Spinedi, parti d'autorité en tête avertisseur bloqué. Le Marseillais le doublera en fin d'épreuve ; le Suisse terminera deuxième. (Archives Maurice Louche)

5111 GT. 5111 GT leading the general classification and the handicap classification is ready to tackle the slopes of Mont Ventoux on which Guichet-Behra scored a cautious fourth place (15m 3.1s) as their lead over Bianchi-Abate who won (14m 47.2s) did not justify taking senseless risks. (Archivio Ferrari – Autore sconoscuito)

5111 GT. In Monaco, which hosted the final classification stage of a Tour that he was about to win, Guichet is in the wake of Spinedi's 250 GT which set off in the lead horn blaring. The driver from Marseille got past him at the end of the event and the Swiss finished second. (Archives Maurice Louche)

critique, les suivants s'assureront le gain du match : Guichet et Bianchi termineront dans cet ordre sans ravitailler, quand Bandini le fera deux fois et Schlesser avec fracas. De fait, manquant son freinage, le Lorrain dépassa le stand de plusieurs longueurs, fit rageusement un tour supplémentaire et endommagea un ressort de soupape dans sa hargne à remonter sur ses adversaires.
Dès l'arrivée, les reproches et bientôt les invectives fuseront, mais le mal pour Schlesser ira en empirant : pressé de rattraper le temps perdu à changer le ressort endommagé, le Lorrain manquera deux contrôles et sera disqualifié à Hirson. À Rouen, soit avant Caen qui clôt la deuxième étape, ou au Mans qui ouvre les hostilités de la troisième, Guichet appliquera sa tactique rémoise pour déposer Bianchi aussi imparablement qu'en Champagne, tandis que la discorde s'installe et s'envenime chez l'adversaire.

Tavano ? Bandini ? Au Mans, Ugolini a tranché pour le second (vainqueur des 24 Heures quatre mois plus tôt) quand le premier brûlait de briller devant les siens. Conséquence d'un choix de raison mal vécu ? Dans la descente vers Pau, Bandini endommagera irrémédiablement sa Ferrari et enverra son coéquipier à l'hôpital de Tarbes avec un bras fracturé et une clavicule cassée.

Prudent dans les cols pyrénéens, vainqueur à Pau, n'ayant plus au terme de la troisième étape derrière lui que la Ferrari éclopée de Bianchi et Abate (l'Italien est sorti deux fois de la route dans la région de Cognac), Guichet peut sourire. Et continuer à le faire, car si l'équipage belgo-italien l'emportera à Albi, et dans les courses de côte qui s'échelonnent avant Charade, rien n'ébranlera le Marseillais face à des adversaires

slipstreaming with the car behind generally coming out on top. Guichet and Bianchi finished in this order without refuelling while Bandini stopped twice and Schlesser blew it completely. He missed his braking and overshot his pit by several metres, did another lap and damaged a valve spring in his haste to catch his rivals.
At the finish, reproaches and insults began to fly, but for Schlesser things went from bad to worse. He was in a hurry to pull back the time he'd lost changing the damaged spring, missed two controls and was disqualified in Hirson. In Rouen, before Caen where the second leg ended Guichet used the same tactics as at Reims to breeze past Bianchi and did the same at Le Mans where the third began. In the meantime warfare broke out among their adversaries.

Tavano ? Bandini ? At Le Mans, Ugolini opted for the latter (winner of the 24 Hours four months earlier) while the former was absolutely determined to shine in front of his home crowd. On the downhill stretch on the way to Pau, Bandini crashed and damaged his Ferrari beyond immediate repair and his team-mate, Tavano, ended up in the Tarbes hospital with a fractured arm and a broken shoulder blade.

Guichet drove cautiously in the Pyrenean passes, won at Pau and by the end of the third stage the only GTO behind him was the handicapped Ferrari driven by Bianchi-Abate (the Italian left the road twice in the Cognac region), so the Frenchman had every reason to smile. And continued to do so even if the Italo-Belgian crew won in Albi and in the hill climbs that dotted the route to Charade. But nothing worried Guichet whose rivals for a podium finish were at the wheel of a Ferrari

5095 GT. Deuxième au général à l'issue de la deuxième étape, la 5095 GT pouvait espérer le meilleur. Il n'en fut rien, dans la région de Cognac, Abate, victime d'ennuis de freins, sortira deux fois de la route et les miracles accomplis par les mécaniciens de l'Écurie Filipinetti, mis à la disposition du comte Volpi arrivé seul à Bordeaux où il attendait les siens, auront des limites. Dommage, car à Albi et dans les trois courses de côte qui suivirent, la concurrence ne put rien contre un équipage impérial qui, malgré les pénalités encourues pour ne pas s'être aligné au départ de l'épreuve de Monaco, finit deuxième du classement général au volant d'une 5095 GT visiblement à l'agonie. (Archives Maurice Louche)

5095 GT. Second overall after the second leg 5095 GT had every reason to hope for the best. But it didn't turn out like that. In the Cognac region Abate who was suffering from brake problems went off twice and the miracles accomplished by the Écurie Filipinetti mechanics put at Count Volpi's disposal, who had arrived by himself in Bordeaux where he was waiting for his men, had their limits. It was a pity because in Albi and in the three hill climbs that followed nobody could put up a fight against a crew who dominated despite the penalties inflicted for not lining up for the start of the event in Monaco. Bianchi-Abate finished second overall in 5095 GT, which was in a sorry state. (Archives Maurice Louche)

4713 GT. Au Nürburgring où il n'a jamais tourné avec une GTO, Schlesser, ici au Karussell, est en apprentissage et terminera quatrième. À Spa, le Lorrain, pilote au "gros cœur", finira premier. Mais c'était avant Reims où, pour ignorer que l'autonomie d'une GTO s'accommode mal de deux heures d'utilisation au maximum, il tombera dans le piège que ses concurrents lui tendront. (Archives Maurice Louche)

4713 GT. Schlesser seen here in the Karussell on his first outing at the Nürburgring was learning the circuit and finished fourth. At Spa, the big-hearted driver from Lorraine came first! But this was before Reims where, ignoring the fact that a GTO wasn't really made to be driven flat out for two hours, he fell into the trap set for him by his rivals! (Archives Maurice Louche)

qui se battent pour l'honneur au volant d'une Ferrari réparée mais diminuée. Victorieux à Charade, Guichet le sera de nouveau dans la Principauté en s'imposant devant Spinedi (250 GT), pour faire honneur à son double rang (classement général et handicap Grand Tourisme) plus que par nécessité.

that had been repaired, but was no longer as quick as at the start. Guichet won at Charade and again in the Principality from Spinedi (250 GT) more to do justice to his double victory (overall classification and the Grand Touring handicap) than because he had to!

Résultats

250 GTO - 5111 GT n° 165. Jean Guichet. Jean Guichet-José Behra. 1er. 2 302,467 km.

250 GTO - 5095 GT n° 167. Scuderia Serenissima. Lucien Bianchi-Carlo Mario Abate. 2e. 2 108,798 km.

250 GTO - 3909 GT n° 166. Edgar Berney-Jean Gretener. Ab, transmission. \ Rtd, transmission.

250 GTO - 4713 GT n° 170. NART. Jo Schlesser-Claude Leguezec. Disqualification. \ Disqualified.

250 GTO - 4675 GT n° 172. Guido Fossati. Guido Fossati-Ariberto Francolini. Ab, accident. \ Rtd, accident.

250 GTO - 4757 GT n° 175. Scuderia Serenissima. Lorenzo Bandini-Fernand Tavano. Ab, accident. \ Rtd, accident.

250 GT SWB - 2159 GT n° 171. Gérard Spinedi. Gérard Spinedi-Aghdass Spinedi. 3e. 2 016,246 km.

4675 GT. Après un début poussif, la 4675 GT se reprit avec une sixième place à Spa, puis une cinquième à Reims. Reste que le Tour de France n'est pas qu'une succession d'épreuves de classement, Fossati-Francolini l'apprendront à leurs dépens entre Reims et Rouen où une sortie de route lui coûtera la calandre. Et un abandon. (Archives Maurice Louche)

4675 GT. After a sluggish start 4675 GT bounced back with sixth place at Spa followed by fifth at Reims. Nevertheless, the Tour de France was simply a succession of classification stages as Fossati-Francolini learned to their cost between Reims and Rouen where an off led to the loss of the grille – and retirement. (Archives Maurice Louche)

11 au 20 septembre 1964

11-20 September 1964

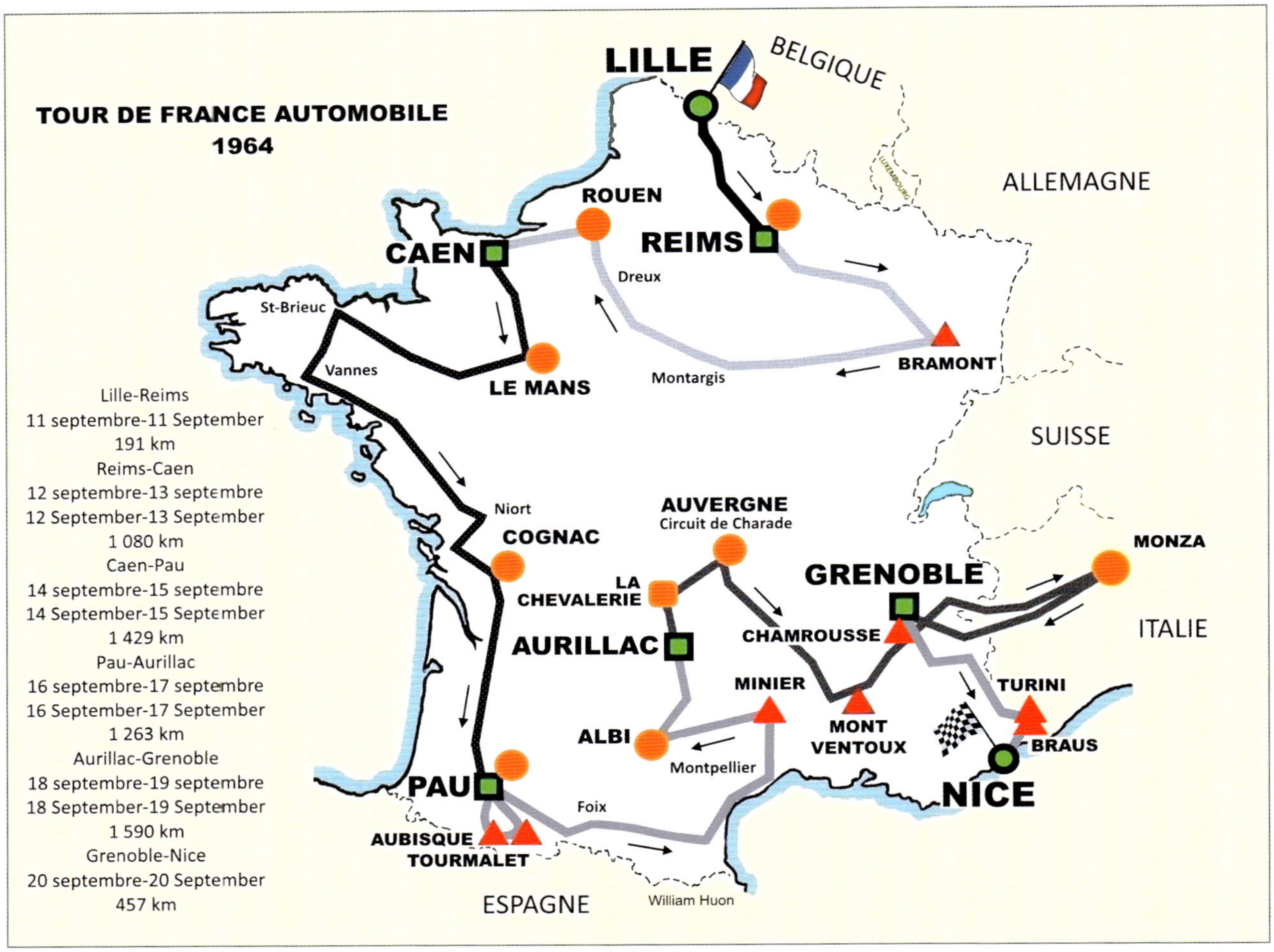

Le Tour avait-il perdu de son intérêt avant de commencer ? La participation de Surtees, Parkes et Scarfiotti faisait saliver. À Lille, il n'en fut rien. Le refus de la CSI d'homologuer la 250 LM laissait aux clients de la GTO le soin de défendre les intérêts de Maranello dans un Championnat du monde des constructeurs encore ouvert. Certes, face à trois coupés Cobra, confiés à Bondurant-Neerpasch, Trintignant-de Saint-Auban et Simon-Dupeyron, il n'y aurait pas de pilotes de la Scuderia, mais, sans leur faire injure, Bianchi, Guichet, Tavano, Piper, tous sur GTO 62/63, n'avaient rien à leur envier ni en talent ni en expérience.

Quoi qu'il en soit, Reims, où Guichet s'arrête peu après le départ pour changer de bougies, la côte du Bramont et Rouen appartiennent aux Cobra Ford, si

Had the Tour lost all its interest before it even started? The prospect of the participation of Surtees, Parkes and Scarfiotti was a mouth-watering one. In Lille, they were noticeable by their absence. The CSI's refusal to homologate the 250 LM left it up to the GTO clients to defend the interests of Maranello in what was still a wide open World Championship for Manufacturers. So there were no works Scuderia drivers to take on three Cobra coupes entrusted to Bondurant-Neerpasch, Trintignant-de Saint-Auban and Simon-Dupeyron, but without wishing to cast doubt on their talent or experience Bianchi, Guichet, Tavano and Piper in 62/63 GTOs had little to envy them.

Whatever the case Reims where Guichet stopped shortly after the start to change plugs and the coast

bien que, avant Le Mans, Trintignant mène au classement général devant Bianchi. Et ce sera tout. Pour les coupés américains s'entend. Car le sort (quand ce n'est pas une méconnaissance du règlement : à Rouen, Bondurant fut pénalisé de 15 kilomètres pour avoir été poussé au parc !) va avoir raison de ce match que l'on croyait équilibré. Au Mans, Neerpasch casse un support de boîte et abandonne ; Simon est victime d'une segmentation défectueuse, et Trintignant perd dans les stands le bénéfice de sa course au profit de

around Bramont and Rouen belonged to the Cobra-Fords and before Le Mans, Trintignant led the overall classification from Bianchi. And that was as good as it got for the American coupes because luck allied to a lack of knowledge of the regulations (in Rouen, Bondurant was handed a 15-kilometre penalty for being pushed to the parc fermé!) decided the outcome of this battle that had looked finely poised. At Le Mans Neerpasch broke a gearbox bracket and retired while Simon's engine was the victim of defective piston rings.

Reims. Le départ vient d'être donné sur le circuit de Reims-Gueux. Guichet est déjà en retrait, et la Cobra de Neerpasch (n° 187) va prendre définitivement le meilleur sur la 4153 GT de Bianchi (n° 172), qui finira troisième derrière la Cobra de Trintignant. Celle de Simon (n° 186) sera huitième.
(Bernard Cahier, The Cahier Archive)

Reims. The start has just been given on the Reims-Gueux circuit. Guichet has already fallen back and Neerpasch's Cobra (no. 187) is about to get the better of Bianchi in 4153 GT (no. 172), who finished third behind Trintignant's Cobra. The third "Snake" driven by Simon (no. 186) was eighth.
(Bernard Cahier/The Cahier Archive)

188

l'action
moteurs
LONGLIFE
c'est Shell que j'aime
SHELL SHELL SHELL SHELL
187
188

Au parc fermé de Rouen, la 4399 GT de Piper-Siffert est aux côtés du coupé Cobra de Bondurant-Neerpasch, de la Porsche 904 GTS de Meert-de Jonghe, et du coupé Cobra de Trintignant-de Saint-Auban. La 4399 GT finira cinquième de l'épreuve. (Bernard Cahier, The Cahier Archive)

Rouen. La Cobra de Neerpasch (n° 187) et celle de Trintignant partagent la première ligne avec la 4135 GT de Bianchi (n° 172), prêts à en découdre pendant une heure alors que derrière on patiente ou on se met en place. Le Français l'emportera. (Bernard Cahier, The Cahier Archive)

In the Rouen parc fermé, Piper-Siffert's 4399 GT is beside the Bondurant-Neerpasch Cobra coupe, the Meert-de Jonghe Porsche 904 GTS and the Trintignant-de Saint-Auban Cobra coupe. 4399 GT finished fifth overall. (Bernard Cahier/The Cahier Archive)

Rouen. The Neerpasch and Trintignant Cobras (nos 187 and 188) share the front row with Bianchi's 4135 GT (no. 172) ready to go at it hammer and tongs for an hour. Behind, the others wait or take up their grid positions. Victory went to the Frenchman. (Bernard Cahier/The Cahier Archive)

Guichet et de Bianchi, dans cet ordre à l'arrivée. Pour Piper (hors course) et Tavano (piston), le Tour s'arrête là ; trahis par leur coupé, Trintignant (roulement de roue) et Simon (moteur défaillant) n'iront guère plus loin. Sur la route de Cognac, Shelby a perdu l'espoir d'un titre mondial et Ferrari a gagné la quasi-certitude d'en engranger un troisième, quand les GTO, certes menacées épisodiquement en montage et sur le mouillé par des Porsche 904 GTS plus véloces, n'ont à craindre que d'elles-mêmes.

Et de la pluie ! Une pluie qui aura à Cognac et à Pau une influence déterminante pour... les autres, car pour les cinq premiers le classement général devenu scratch restera figé (y compris après les six kilomètres du parcours chronométré de la Chevalerie, une nouveauté des organisateurs, qui revient à la Porsche 904 GTS de Buchet-Linge et laissa les choses en l'état) jusqu'à Nice où Bianchi engrangera une quatrième victoire et Berger une troisième, Guichet-de Bourbon-Parme et Buchet-Linge complétant le podium.

Si vain qu'il soit de refaire l'histoire, on pourrait dire que, sans les ennuis de bougies qu'il connut à Reims (un handicap qui l'affecta presque définitivement pour le reste de l'épreuve), sans le double changement d'essuie-glaces qui le retarda sous le déluge palois ou encore les problèmes de freins qu'il connut à Monza, Guichet aurait pu gagner. Mais ce serait faire fi des ennuis d'amortisseurs qui retardèrent Bianchi à Albi et à Monza, et passer sous silence que, loin de profiter de l'avance consistante dont il bénéficia dès le départ de Reims, il ne se borna jamais à guetter et à suivre. Dans toutes les épreuves de montagne, le Belge prit le meilleur sur le Marseillais, notamment lors de

In the pits Trintignant lost the race to Guichet and Bianchi who finished in that order. For Piper (disqualified) and Tavano (piston) their Tour stopped there and then. Trintignant (wheel bearing) and Simon (engine failure) didn't go much further. On the road to Cognac, all hopes of a world title vanished for Shelby and Ferrari looked almost certain to clinch a third when the GTOs, occasionally threatened by Porsche 904 GTSs quicker in wet conditions and in the hilly sections, had only one another to fear.

And rain, which in Cognac and in Pau was to have a decisive influence for the others, as the first five positions in the overall classification (the scratch one) didn't change even after the six timed kilometers of la Chevalerie, a new stage added by the organisers, won by the Buchet-Linge Porsche 904 GTS. But this success didn't change the overall picture and in Nice Bianchi scored his fourth victory and Berger his third. Guichet-de Bourbon Parme and Buchet-Linge completed the podium.

While rewriting history is a futile exercise, it's fair to say that Guichet could have won without the plug problems he encountered in Reims (a handicap that affected him for the rest of the event), without the double windscreen wiper change that delayed him in the deluge in Pau and the brake issues at Monza. But it should be pointed out that shock absorber problems delayed Bianchi in Albi and at Monza; and the fact could not be ignored that far from taking advantage of the consistent lead he enjoyed from the start in Reims, he never settled for simply biding his time or adopted a wait-and-see attitude. In all the events in the mountains the Belgian got the better of the driver from Marseille,

Le Mans. Irrésistible, Guichet a pris la poudre d'escampette le long des fascines. Derrière, la 4153 GT de Bianchi, les Cobra de Simon, Neerpasch et Trintignant, sans parler de la 3607 GT de Dubois, sont déjà condamnées à suivre. (Bernard Cahier, The Cahier Archive)

Le Mans. At Le Mans Guichet was unbeatable and has already opened up a gap amid the circuit fencing. Behind him, Bianchi's 4153 GT and the Simon, Neerpasch and Trintignant Cobras as well as Dubois in the 3607 GT have no choice but to play follow-my-leader. (Bernard Cahier/The Cahier Archive)

Dans la courbe Dunlop, les GTO de Bianchi (n° 172) et de Dubois (n° 175) encadrent les Cobra de Simon (n° 186), Trintignant (n° 188) et Neerpasch (n° 187). La Cobra de Neerpasch va se retirer ; dans la nuit, celles de Simon et de Trintignant en feront autant. Le duel Ford-Ferrari vient de tourner court : une lutte fratricide entre GTO va commencer. (Bernard Cahier, The Cahier Archive)

Le Mans. In the Dunlop curve the GTOs of Bianchi (no. 172) and Dubois (no. 175) bookend the Cobras of Simon (no. 186), Trintignant (no. 188) and Neerpasch (no. 187). Neerpasch went out during the night and those driven by Simon and Trintignant did the same a little later on so the Ford-Ferrari duel fizzled out. A fratricidal battle between GTOs was about to begin! (Bernard Cahier/ The Cahier Archive)

SHELL SHELL
SHELL SHELL
SHELL SHELL
172
168
175
159

EES LANGUEDOC
DI
DUNLOP
GLI

l'escalade nocturne du Ventoux, qui lui revint. Et preuve qu'à Maranello on sut apprécier, Enzo Ferrari vint le féliciter à Monza, en même temps qu'il goûta la performance d'Annie Soisbault de Montaigu, qui fut ce jour-là la meilleure de tous.

in particular in the nocturnal climb of Mont Ventoux, which he won. And proof that his exploit was much appreciated in Maranello came at Monza where Enzo Ferrari in person congratulated him, at the same time as he enjoyed Annie Soisbault de Montaigu's performance who, that day, was the best of them all.

Résultats

250 GTO - 4153 GT n° 172.

Écurie Francorchamps. Lucien Bianchi-Georges Berger. 1er. 2 212,053 km.

250 GTO - 5111 GT n° 168.

Ferrari. Jean Guichet-M. de Bourbon-Parme. 2e. 2 180, 155 km.

250 GTO - 3607 GT n° 175.

Écurie Francorchamps. Claude Dubois-P. de Montaigu. 8e. 1 929,075 km.

250 GTO 64 - 5575 GT n° 170.

AGACI. Annie Soisbault de Montaigu-Nicole Roure. 9e. 1 912,224 km.

250 GTO 64 - 4399 GT n° 176.

Maranello Concessionaires. David Piper-Jo Siffert. Hors-course : ravitaillement dans la zone des stands. \ Excluded: refuelling in the pit zone.

250 GTO - 3769 GT n° 171.

AGACI. Sylvain Garant-Jacques Lanners. Ab, sous la distance minimum imposée. \ Rtd, under the minimum distance.

250 GTO - 5095 GT n° 173.

Fernand Tavano. Fernand Tavano-Marcel Martin. Ab, piston crevé. \ Rtd, holed piston.

Le lendemain du Mans, sur le circuit de Cognac, la GTO de Dubois-de Montaigu (n° 175) partage la première ligne avec celle de Bianchi-Berger (n° 172) et celle de Guichet-de Bourbon-Parme (n° 168). Derrière, on reconnaîtra la Porsche 904 GTS de Klass-Wütherich (n° 159). Guichet l'emportera. Le circuit de Cognac était tracé sur une base militaire, ce qui explique la présence de beaucoup d'entre eux. (Bernard Cahier, The Cahier Archive)

Lucien Bianchi, en polo, et Guichet, en combinaison, échangent peu avant le départ de l'épreuve d'Albi, terme de la quatrième étape. Victime d'ennuis d'amortisseur arrière, le Belge laissera le Français l'emporter, sachant qu'il ne lui fera pas ombrage au général. (Bernard Cahier, The Cahier Archive)

Cognac. The day after Le Mans, the GTOs of Dubois-de Montaigu (no. 175), Bianchi-Berger (no. 172) and Guichet-de Bourbon (no. 168) share the front row on the Cognac circuit. Behind them is the Klass-Witherich Porsche 904 GTS (no. 159). Victory went to Guichet. The Cognac circuit was laid out on a military base hence the presence of many soldiers. (Bernard Cahier/The Cahier Archive)

Albi. Lucien Bianchi in a T-shirt and Guichet in his overalls have a chat shortly before the start of the event in Albi, the end of the fourth leg. The Belgian suffered rear shock absorber issues and let the Frenchman win knowing that it wouldn't affect the overall classification. (Bernard Cahier/The Cahier Archive)

4153 GT. Certes, ce n'est pas encore fait puisque nous sommes dans l'Albigeois, précisément sur la Nationale 603 en direction d'Aurillac, mais la victoire se profile pour Lucien Bianchi et l'impeccable Georges Berger, témoin le ruban aune qui orne le capot de la 4153 GT. Mieux : à Aurillac, terme de la quatrième étape, ils auront encore creusé l'écart qui les sépare du tandem Guichet-de Bourbon-Parme, deuxième au classement scratch provisoire. (Bernard Cahier, The Cahier Archive)

4153 GT. It's not yet done and dusted as we're sti l in the Albigensian region on the Nationale 603 to Aurillac, but Lucien Bianchi and the impeccable Georges Berger now have victory in their sights as witnessed by the yellow ribbon on the bonnet of 4153 GT. It was looking even better in Aurillac where the fourth leg ended as they had increased their lead over Guichet-de Bourbon Parme, second overall in the provisional scratch classification. (Bernard Cahier/The Cahier Archive)

5111 GT. Guichet, entré au parc fermé de Reims la veille au soir avec des bougies mouillées, doit prendre le départ de l'épreuve rémoise avec un moteur diminué. Aussitôt le départ donné, il s'arrêtera pour changer les bougies de la rangée de cylindres anémiés, perdant ainsi neuf minutes. Pour le Marseillais, le Tour est déjà joué. (Bernard Cahier, The Cahier Archive)

5111 GT. Pour combler son retard sur Bianchi, Guichet remporta coup sur coup les épreuves de classement du Mans, où on le voit ravitailler en voltige, de Cognac et d'Albi, reléguant à chaque fois la 4153 GT de Bianchi-Berger en deuxième position. Ce fut insuffisant pour empêcher l'équipage belge de l'emporter. (Bernard Cahier, The Cahier Archive)

5111 GT. Guichet who went into the Reims parc fermé on the previous evening with oiled plugs had to start the race on the eponymous circuit with a down-on-power engine. As soon as the start had been given he stopped immediately to change the plugs in the bank of cylinders affected losing nine minutes. For the Frenchman the outcome of the Tour was already pretty much decided. (Bernard Cahier/The Cahier Archive)

5111 GT. Guichet won the Le Mans (where he's seen refuelling acrobatically), Cognac and Albi classifications stages in succession in his attempts to close the gap to Bianchi-Berger pushing the latter's 4153 GT back to second place in each one. But it wasn't enough to stop the Belgian duo from winning the event. (Bernard Cahier/The Cahier Archive)

visco-static
LONGLIFE
BP
l'huile d'un an
168
J. GUICHET
M. DE BOURBON
BP

ALPINE
POLAROIL
·L·G
la meilleure bougie
168
96520 MO

5575 GT. À l'aise à Reims, moins à Rouen (à droite), moins encore au Mans, où une légère sortie de route entama sa confiance, Annie Soisbault de Montaigu se reprit peu à peu et l'emporta à Monza face à une concurrence diminuée (ennuis de freins pour Guichet, de suspension arrière pour Bianchi), mais qui ne lui céda rien. Elle termina avec Nicole Roure neuvième au classement scratch GT. La 5575 GT est vue à Reims en compagnie de la Cobra n° 188 de Trintignant, qui enfile ses gants sous le regard de Simon (lunettes noires). Attentive aux propos échangés, Annie Soisbault de Montaigu porte un casque rouge.
(Bernard Cahier, The Cahier Archive)

5575 GT. Very much at ease on the Reims circuit, a little less so at Rouen (right) and not at all at Le Mans where a slight off dented her confidence, Annie Soisbault de Montaigu recovered her mojo at Monza winning against weakened rivals (brake problems for Guichet, rear suspension for Bianchi), who gave her no quarter. With Nicole Roure she finished ninth in the scratch GT classification. 5575 GT is seen here at Reims with the no. 188 Cobra driven by Trintignant who is putting on his gloves watched by André Simon (dark glasses). Annie Soisbault de Montaigu wearing a red helmet listens intently to what she's being told.
(Bernard Cahier/The Cahier Archive)

d un an
188

5095 GT. Les Tours se suivent, mais ne se ressemblent pas. Nous sommes à Rouen et la 5095 GT (ex-Bianchi Tour de France 1963) de Tavano talonne la 4153 GT de Bianchi, qui se détachera pour terminer troisième, loin devant le Manceau, septième. La deuxième étape est terminée ; ils sont sur le podium. Pour l'instant. (Bernard Cahier, The Cahier Archive)

5095 GT. Every Tour is different. On the Rouen circuit 5095 GT (ex-Bianchi 1963 Tour de France) with Tavano at the wheel is in hot pursuit of 4153 GT driven by Bianchi, who pulled away and finished third well ahead of the man from Le Mans (seventh). The second leg is over and they're in the top 3 – for the moment. (Bernard Cahier/The Cahier Archive)

F

Trente-six histoires de GTO

Thirty-six GTO histories

1

3223 GT

Présentée à Maranello lors de la conférence annuelle d'Enzo Ferrari, le samedi 24 février 1962, elle est la première des GTO construites et à ce titre la plus connue sans être la plus glorieuse. Initialement destinée à la Scuderia Serenissima Repubblica di Venezia (ou Scuderia SSS Repubblica di Venezia) du comte Giovanni Volpi, elle est vendue en juin à Luigi Chinetti en raison du différend qui oppose Enzo Ferrari aux dissidents de Maranello. Vendue en juillet à William McKelvy (Scuderia Bear), elle commence sa carrière sportive en terminant troisième du Bridgehampton Double 400 (Hayes-Hugus). En décembre, elle participe sous les couleurs du NART à la neuvième Nassau Speed Week où elle se classe notamment deuxième du Nassau Tourist Trophy (Bandini). Elle commence la saison 1963 en terminant quatrième des 250 Miles de Daytona et la poursuit en disputant quelques épreuves d'importance secondaire, à l'exception des 12 Heures de Sebring qu'elle termine sixième de sa catégorie (Hayes-Thiem) et du Bridgehampton Double 500 où elle se classe dixième (Hayes-Grossman), sous les couleurs de la Scuderia Bear. Propriété de Robert Grossman et de Larry Perkins, vue à Mosport et à Daytona, elle participe sans éclat aux 12 Heures de Sebring en 1964 (Eve-Perkins). Elle clôt son chapitre sportif en 1966, peu après sa participation aux 12 Heures de Sebring (Slottag-Perkins) où elle est disqualifiée à la suite d'une sortie de route.

It was the first GTO built and was unveiled at the annual press conference given by Enzo Ferrari on Saturday 24th February 1962. This is why it is the best known even if it didn't meet with much success. It was initially supposed to go to the Scuderia Serenissima Republica di Venezia (Scuderia SSS Republica di Venezia) owned by Count Giovanni Volpi, but was sold in June to Luigi Chinetti because of the row between Ferrari and the people who had walked out of Maranello. In July, it was bought by William McKelvy (Scuderia Bear) and began its sporting career with a third-place finish in the Bridgehampton Double 400 (Hayes-Hugus). In December, it raced in the ninth Nassau Speed Week in NART colours finishing second in the Nassau Tourist Trophy (Bandini) in particular. It began the 1963 season by coming home fourth in the Daytona 250 Miles and continued taking part in some minor events, except for the Sebring 12 Hours where it saw the flag in sixth place in its category (Hayes-Thiem), and the Bridgehampton Double 500 in which it finished tenth (Hayes-Grossman) in the colours of the Scuderia Bear. Owned by Robert Grossman and Larry Perkins and seen at Mosport and at Daytona, it had a low-key outing in the 1964 Sebring 12 Hours (Eve-Perkins). Its sporting career ended in 1966 shortly after its participation in the Sebring 12 Hours (Slottag-Perkins) in which it was disqualified after an accident.

3223 GT. Présentée le 24 février 1962, la première GTO est vue ici dans la cour de l'usine à Maranello parée d'une livrée rouge et d'une bande centrale aux couleurs italiennes. Elle fut vendue à Luigi Chinetti, peinte en bleu métallique, et redevint rouge en 1963. Absent en février 1962, le becquet arrière fut ajouté ultérieurement. (Ferrari SpA/Gildo Mantovani)

3223 GT. Unveiled on 24th February 1962, the first GTO is seen here in the Maranello factory courtyard in a red livery with a central stripe in Italian colours. It was sold to Luigi Chinetti, painted metallic blue before becoming red again in 1963. The rear Gurney lip was not in place in February 1962 and was added later on. (Ferrari SpA/Gildo Mantovani)

32
ALITALIA
32

3223 GT. Sponsorisée par Alitalia, pilotée par Charlie Hayes et Doug Thiem, la 3223 GT est en route pour une anonyme dix-huitième place lors des 12 Heures de Sebring 1963. Au nombre des modifications subies, on notera la présence d'un becquet et des ouïes élargies. (Bernard Cahier/ The Cahier Archive)

3223 GT. Sponsored by Alitalia and driven by Charlie Hayes and Doug Thiem, 3223 GT is on its way to a lowly 18th place overall in the 1963 Sebring 12 Hours. Among the modifications are a rear Gurney lip and bigger air intakes. (Bernard Cahier/The Cahier Archive)

3387 GT

À défaut d'être la plus capée, elle n'en est pas moins célèbre pour avoir inauguré le palmarès international des GTO en remportant la catégorie GT des 12 Heures de Sebring 1962. Vendue en juin à Robert Grossman, elle finit sixième des 24 Heures du Mans et deuxième du Bridgehampton Double 400, en septembre ; elle achève la saison aux Bahamas où elle se classe notamment quatrième du Nassau Tourist Trophy. Acquise en avril 1963 par Mike Gammino, elle court principalement des épreuves nord-américaines. En décembre, point d'orgue de sa saison, elle termine deuxième du Nassau Tourist Trophy. En 1964, toujours avec Mike Gammino, elle dispute pour l'essentiel des courses du SCCA Road Racing Championship GT. Elle disparut du calendrier sportif en novembre 1965 après avoir disputé le Nassau Tourist Trophy qu'elle termina dixième, conduite pour l'occasion par Grossman.

Although it didn't rack up the most victories it is still famous as it kicked off the international results of the GTOs by winning the GT category in the 1962 Sebring 12 Hours. In June, it was sold to Robert Grossman and finished sixth in the Le Mans 24 Hours and second in the Bridgehampton Double 400 in September. Its season ended in the Bahamas where it came fourth in the Nassau Tourist Trophy. Mike Gammino bought the car in April 1963 and raced it mainly in North American events. December saw the highlight of its season with second place in the Nassau Tourist Trophy. In 1964, still in the hands of Gammino, 3387 GT took part in most of the races in the SCCA Road Racing GT Championship. It vanished from the sporting annals in November 1965 after another outing in the Nassau Tourist Trophy driven by Grossman that ended in 10th place.

3387 GT. En décembre 1963, la 3387 GT disputa les épreuves de la dixième Nassau Speed Week non sans succès puisqu'elle se classa, avec Mike Gammino, quatrième de l'épreuve GT plus de 2 litres ; deuxième du Nassau Tourist Trophy (1er décembre) ; et sixième du Nassau Trophy Race (8 décembre) en remportant à chaque la fois la catégorie GT 3.0. Elle est alors rouge avec une bande bleu et blanc. (Bernard Cahier/The Cahier Archive)

3387 GT. In December 1963, 3387 GT raced in the events of the 10th Nassau Speed Week with some success. With Mike Gammino at the wheel it finished fourth in the over 2-litre GT event, second in the Nassau Tourist Trophy (1st December) and sixth in the Nassau Trophy Race (8th December) winning the GT 3.0 category on both occasions. At the time it was painted red with a blue and white stripe. (Bernard Cahier/The Cahier Archive)

GOOD YEAR
23
GOOD YEAR
23
8

23

23

23

3387 GT. Engagée par Mike Gammino, la 3387 Gt fit ses adieux à la scène sportive lors du Nassau Tourist Trophy, le 28 novembre 1965. Elle termina dixième avec Grossman qui devance ici la Porsche 904 de Peter Gregg. (Bernard Cahier/The Cahier Archive)

3387 GT. Entered by Mike Gammino, 3387 GT said goodbye to the racing scene in the Nassau Tourist Trophy on 28th November 1965. It finished 10th with Grossman at the wheel who leads Peter Gregg's Porsche 904. (Bernard Cahier/The Cahier Archive)

96

3

3413 GT

Conduite brièvement par Phil Hill lors d'essais pour la Targa Florio 1962, la 3413 GT est acquise en avril par Edoardo Lualdi-Gabardi. Elle est alors principalement vue en courses de côte où elle se distingue avec succès et termine la saison par une victoire à la Coppa Autunno, à Monza. Vendue à Gianni Bulgari (de la marque de luxe éponyme) en mai 1963, elle termine quatrième de la Targa Florio et remporte, en novembre, la Coppa FISA, à Monza. En décembre 1963, elle est vendue à Corrado Ferlaino et reçoit à Maranello une carrosserie version 64. Ses apparitions en course sont dès lors aussi rares que malheureuses, mis à part une cinquième place à la

After it was driven briefly by Phil Hill in practice for the 1962 Targa Florio, Edoardo Lualdi-Gabardi bought 3413 GT in April. It was mostly seen in hill climbs where it met with success and it finished the season with victory in the Coppa Autunno at Monza. Sold to Gianni Bulgari (of the eponymous luxury brand) in May 1963, it came home fourth in the Targa Florio and won the Coppa FISA at Monza in November. In December 1963, it was sold to Corrado Ferlaino and was fitted with 1964 bodywork in Maranello. Its race outings from then on were rare and generally unsuccessful apart from a fifth place in the Targa Florio. It changed hands

Targa Florio. Vendue à Dan Margulies en 1965, elle termine sa carrière sportive sur circuit en décembre avec deux premières places de David Piper, en GT à Silverstone (Boxing Day race), et au classement général à Brands Hatch (Redex Trophy).

in 1965 and was bought by Dan Margulies finishing its sporting career on circuits in December with two wins by David Piper in GT at Silverstone (Boxing Day race) and in the overall classification in the Redex Trophy at Brands Hatch.

3413 GT. La 3413 GT est l'une des quatre 250 GTO recarrossées durant l'hiver 1963-1964 en version 64. Elle est vue ici alors qu'elle s'achemine vers une quatrième place dans la Targa Florio 1963 (n° 104) et au départ de l'édition suivante (n° 114). (Bernard Cahier/The Cahier Archive)

3413 GT. 3413 GT was one of the four 250 GTOs rebodied during the 1963/64 winter with 1964 bodywork. Here it is heading for fourth place in the 1963 Targa Florio (no. 104), and at the start of the following year's event (no. 114). (Bernard Cahier/The Cahier Archive)

4

3445 GT

Sans être la plus couronnée, la 3445 GT est celle qui connut la carrière la plus dense et la plus tumultueuse. Sortie d'usine le 30 avril 1962, elle est brièvement la propriété de Luciano Conti et de Sergio Bettoja avant d'être acquise par le comte Volpi, qui l'incorpore dans la Scuderia Serenissima. Elle accumule alors abandons (Le Mans, GT du Nürburgring, Nassau Governor's Trophy), accidents (Peco Trophy, Tour de France) et déception (une place de vingt-deuxième aux 1000 Kilomètres de Paris). Note plus heureuse, la victoire qu'elle remporte avec Abate aux Trophées d'Auvergne, qui comptent pour le Championnat du monde des marques GT, permet à Maranello de ceindre la couronne en catégorie plus de 2 litres. En 1963, elle dispute les 12 Heures de Sebring et la Targa Florio. Vendue par la Scuderia Centro Sud au Suédois Ulf Norinder, peinte aux couleurs de la Suède (bleu, bande centrale et capot jaune), elle commence deux saisons chaotiques miraculeusement conclues par une victoire à domicile face à une opposition de second ordre. En 1965, elle est recarrossée et aménagée pour un usage exclusivement routier par Drogo. Elle sera plus tard recarrossée dans sa version d'origine.

Although 3445 GT didn't win the greatest number of races it had the most hectic and busiest career. It left the factory on 30th April 1962 and was briefly owned by Luciano Conti and Sergio Bettoja before being purchased by Count Volpi who incorporated it into the Scuderia Serenissima. It then chalked up a string of retirements (Le Mans, GT at the Nürburgring, Nassau Governor's Trophy), accidents (Peco Trophy, Tour de France) and disappointments (22nd place in the Paris 1000 km). On a happier note its victory in the hands of Carlo Abate in the Trophées d'Auvergne, which counted for the GT World Championship for Makes, helped Maranello to win the title in the over 2-litre category. In 1963, it raced in the Sebring 12 Hours and the Targa Florio. The Scuderia Centro Sud sold it to Swede Ulf Norinder, and in his national colours (blue with a yellow central stripe and yellow bonnet) it had two chaotic seasons ending in a miraculous victory on home turf against poor opposition. In 1965, it was rebodied by Drogo and transformed into a car for road-going use only. Later on it was put back into its original configuration.

3445 GT. Malchanceuse au Mans un mois plus tôt, la 3445 GT, vue ici au sortir des S du Tertre Rouge, remporta avec Abate les Trophées d'Auvergne le 15 juillet 1962, à Charade, le seul résultat positif d'une saison ponctuée d'abandons et d'accidents. (Bernard Cahier, The Cahier Archive)

3445 GT. Officiellement engagée par la République argentine, confiée à Abate et Bordeu, la 3445 GT (rouge, avant jaune) est en route pour une cinquième place lors des 12 Heures de Sebring 1963. Mis à part un phare droit méritant d'être redressé avant la tombée de la nuit, on remarquera la forme allongée de l'ouïe centrale sur le capot. (Bernard Cahier, The Cahier Archive)

3445 GT. Unlucky at Le Mans a month earlier 3445 GT, on the exit from the Tertre Rouge Esses, won the Trophées d'Auvergne on 15th July 1962 at Charade driven by Abate. It was the only positive result in a season dogged by retirements and accidents. (Bernard Cahier/The Cahier Archive)

3445 GT. Officially entered by the Argentinean Republic for Abate-Bordeu, 3445 GT (red with yellow front) is en route for fifth place in the 1963 Sebring 12 Hours. The right-hand headlight needs to be straightened up before nightfall and the extended central air intake on the bonnet is clearly visible. (Bernard Cahier/The Cahier Archive)

BP
58

26

3445 GT. Né en 1934, à Bollnäs (Suède), Ulf Norinder fut dans les années 1960 une figure des circuits internationaux, en particulier dans la catégorie GT. La 3445 GT qu'il acquit en 1963 ne lui permit pas d'obtenir des résultats significatifs. Il mit fin à ses jours en 1978, à Monaco. (Bernard Cahier, The Cahier Archive)

3445 GT. Born in Bollnäs (Sweden) in 1934, Ulf Norinder was a regular figure at international circuits in the 1960s, in particular in the GT category. He didn't score any significant results with 3445 GT which he bought in 1963. He committed suicide in Monaco in 1978. (Bernard Cahier/ The Cahier Archive)

3445 GT. Conduite par Norinder, la 3445 GT, vue ici sous les couleurs suédoises, remporta le 2 août 1964 le Swedish National Falkenberg catégorie GT plus de 1 150 cm^3. Ce fut le seul résultat significatif de la saison. (Archives Ferrari, auteur inconnu)

3445 GT. Driven by Norinder, 3445 GT wearing Swedish colours won the Swedish National Falkenberg GT category in the over 1150 cc class on 2nd August 1964. It was the car's only noteworthy result of the year. (Archivio Ferrari – Autore sconoscuito)

2
2

3451 GT

Bien que son palmarès sportif international soit mince, elle n'en est pas moins importante pour être celle qui inaugura le palmarès européen des GTO par une victoire dans sa catégorie à la Targa Florio 1962. Après une participation malheureuse aux 1 000 Kilomètres du Nürburgring 1962 et un accident spectaculaire qui la vit s'écraser sur le toit lors de la Coppa Inter-Europa 1963, elle connut une éclipse sportive de deux ans. Après être passée de main en main, Guy Rivillon l'acquit en 1965 pour participer, souvent avec succès, à de très nombreuses épreuves et rallyes français jusqu'en 1967.

Although this GTO scored few international results its importance lies in the fact that it sealed the first European win by a GTO with victory in its category in the 1962 Targa Florio. After an unlucky outing in the 1962 Nürburgring 1000 km followed by a spectacular accident in the 1963 Coppa Inter-Europa when it landed on its roof, it bowed out of the sporting scene for two years. After going from owner to owner it was bought by Guy Rivillon in 1965 to take part, often with success, in many French events and rallies until 1967.

3451 GT. Avec Guy Rivillon au volant, la 3451 GT, plusieurs fois modifiée, participa pendant trois saisons à un nombre considérable d'épreuves, rallyes et courses de côte, exclusivement en France. Elle est vue ici lors du Rallye du Mont-Blanc (9 et 10 juillet 1966) qu'elle terminera à la septième place, avec Rivillon et Desbonnets. (Archives Maurice Louche)

3451 GT. Driven by Guy Rivillon 3451 GT, which was modified on several occasions, took part in a considerable number of events, rallies and hill climbs in France over three seasons. It is seen here in the Mont Blanc Rally (9 - 10 July 1966) in which it finished seventh in the hands of Rivillon and Desbonnets. (Archives Maurice Louche)

3451 GT. La 3451 GT courut la 46e édition de la Targa Florio dans une livrée marron et blanc, très inhabituelle pour une Ferrari. Après une première sortie de route qui enfonça l'aile avant gauche, la GTO, aux mains de Scarlatti, sortit dans le dernier tour, endommageant la roue avant droite qu'il fallut remplacer avec le cric. Son avance sur la 250 GT SWB (2807 GT) de Roger de Lageneste et Jean Rolland lui permit de conserver la quatrième place. (Bernard Cahier, The Cahier Archive)

3451 GT. 3451 GT raced in the 46th Targa Florio in a brown and white livery – very unusual for a Ferrari! After its first off, which stove in the left-hand front wing, the GTO driven by Scarlatti crashed again on the last lap damaging the right-hand front wheel that he had to replace using the jack. But its lead over the 250 GT SWB (2807 GT) of Roger de Lageneste-Jean Rolland was enough to enable it to hold onto fourth place. (Bernard Cahier/The Cahier Archive)

3505 GT

Elle est celle que Stirling Moss "aurait dû piloter" s'il n'avait été victime d'un accident qui mit un terme à sa carrière en avril 1962. Quoi qu'il en soit, la 3505 GT qui lui était destinée fut livrée à l'écurie UTD-Laystall et fit ses premiers tours de roues à l'occasion des essais préliminaires des 24 Heures du Mans 1962, avec Mairesse (le mauvais temps sévissant dans la Sarthe ayant retardé l'arrivée d'Ireland venu l'essayer). Elle collectionna ensuite les places d'honneur, en terminant notamment deuxième de l'International Trophy GT (Gregory), à Silverstone, et première du BRSCC (Ireland), à Brands Hatch. Point d'orgue de la saison, elle remporta avec l'Écossais le Tourist Trophy, à Goodwood. Entre-temps, sa participation au Mans s'était conclue par un abandon. Vendue en 1963 à

This is the car Stirling Moss should have raced had he not been the victim of the accident in 1962 that put an end to his career. 3505 GT, which was destined for him, was delivered to the UTD-Laystall team and turned a wheel for the first time in preliminary practice for the 1962 Le Mans 24 Hours with Mairesse in the car (the bad weather in the Sarthe delayed the arrival of Innes Ireland who had come to test it). After that it racked up a number of top-6 finishes including second in the International Trophy GT (Gregory) at Silverstone, and first in the BRSCC (Ireland) at Brands Hatch. The highlight of its season was victory in the Tourist Trophy at Goodwood with the Scot at the wheel. In between, its Le Mans outing ended in retirement. In 1963, it

3505 GT. Discrète, mais déjà connue, la 3505 GT fit aux 24 Heures du Mans 1962 une course méritoire, notamment durant les deux premières heures où elle ferrailla avec acharnement avec la 3445 GT n° 58 de Vaccarella-Scarlatti. Des ennuis de dynamo et de batterie lui valurent d'abandonner le dimanche matin à l'aube alors qu'elle était en treizième position. (Bernard Cahier, The Cahier Archive)

3505 GT. 3505 GT was well known despite a low-key career and had a good race at Le Mans in 1962, in particular in the first two hours when it was locked in battle with the no. 58 3445 GT of Vaccarella-Scarlatti. It retired on Sunday morning at dawn due to gremlins in the dynamo and battery when in 13th place. (Bernard Cahier/The Cahier Archive)

Gunther Placheta, elle courut principalement en Autriche dans des épreuves peu relevées, glanant des victoires ou des places d'honneur sans grande signification, conduite par Gunther Philipp ou encore Giulio Pavesi, pseudonymes de son propriétaire.

was sold to Gunther Placheta and raced mainly in second-rate events in Austria scoring victories or top-3 placings of little importance driven by Gunther Philipp or Giulio Pavesi, the pseudonyms of its owner.

7

3527 GT

Vendue à l'Autrichien Gotfrid Köchert le 22 mai 1962, la 3527 GT commence sa carrière sportive par un abandon aux 1000 Kilomètres du Nürburgring. Vendue à l'usine, elle est acquise par l'Écurie Francorchamps et dispute avec Bianchi et Dubois le Tour de France automobile. Une épreuve qui est encore sienne à moins de 200 kilomètres de l'arrivée quand un accident de la route la rétrograde à la septième place. Un mois plus tard, confiée à Mairesse et Bianchi, elle abandonne, victime d'une boîte de vitesses défaillante aux 1000 Kilomètres de Paris (la distance parcourue lui vaudra d'être classée cinquième). Puis elle termine sa carrière sportive internationale en remportant avec Bianchi le Grand Prix d'Angola, une épreuve courue dans la capitale Luanda. Vendue à l'écurie helvétique Filipinetti, puis au Suisse Armand Boller, elle dispute durant les deux saisons suivantes une série d'épreuves nationales avant d'être transformée en GT à usage routier par le carrossier Graber, en 1965.

3527 GT was bought by Austrian Gotfrid Köchert on 22nd May 1962 and its career got off to an inauspicious start with retirement in the Nürburgring 1000 km. It was sold back to the factory, purchased by Écurie Francorchamps and raced in the Tour de France Automobile driven by Bianchi-Dubois. It was leading the race with less than 200 kilometres to go to the finish when a road accident dropped it back to seventh place. A month later in the hands of Mairesse-Bianchi it retired in the Paris 1000 km due to gearbox issues, but the distance it had covered gave it fifth place. It ended its international career by winning the Angolan Grand Prix held in the capital Luanda with Bianchi at the wheel. Sold to the Swiss team Ecurie Filipinetti, then to Swiss Armand Boller it raced in a series of national events and was then transformed into a road-going car in 1965 by the coachbuilder, Graber.

3527 GT. Superbement figée par Bernard Cahier lors des 1000 Kilomètres du Nürburgring 1962, la 3527 GT de Köchert-Maglioli se laisse admirer. Nul ne sait alors, et moins encore l'Écurie Francorchamps à qui Maranello la destinera, que sa beauté sera éphémère. (Bernard Cahier, The Cahier Archive)

3527 GT. Superbly caught by Bernard Cahier at the 1962 Nürburgring 1000 km, 3527 GT of Köchert-Maglioli is beautiful to look at. Nobody knew, least of all Écurie Francorchamps, which bought it from Maranello that its beauty would be ephemeral. (Bernard Cahier/The Cahier Archive)

3527 GT. Lors de son retour à Maranello, la 3527 GT, vue ici durant le Tour de France 1962, bénéficia des modifications apportées aux GTO de la série 63. Parmi les changements (visibles) apportés par l'usine, on notera une prise d'air de radiateur élargie, des entrées d'air de refroidissement des freins rondes et des clignotants repositionnés. (Archives Maurice Louche)

3527 GT. When it went back to Maranello 3527 GT seen here in the 1962 Tour de France was given the modifications designed for the GTOs of the 1963 series. Among the visible changes made by the factory are a larger radiator intake, round brake ducts and repositioned indicators. (Archives Maurice Louche)

3589 GT

Si l'on s'en tient à la date de sa première apparition en course (23 avril 1962) et à celle de sa dernière (23 mars 1963), la 3589 GT courut l'espace d'un an pour le compte de deux écuries distinctes avec seulement deux pilotes et sur deux continents. Engagée par Tommy Sopwith, Equipe Endeavour, avec le concours de Maranello Concessionaires, la 3589 GT débute sa carrière sportive en Grande-Bretagne avec une seconde place lors du Sussex Trophy, à Goodwood. Commence alors une collection de places d'honneur et de victoires, toutes acquises en terre britannique, et qui révèlent et affirment le talent d'un ingénieur de son état, Mike Parkes. Vendue en octobre 1962 à Tom O'Connor, elle participe, sous les couleurs du Rosebud Racing Team, à la Nassau Speed Week en se classant notamment troisième du Nassau Tourist Trophy, avec Innes Ireland. En 1963, toujours confiée à l'Écossais, elle abandonne sur crevaison lors des 3 Heures de Daytona. Une sixième

If we accept the date given for its first outing in a race (23rd April 1962) and that of its last (23rd March 1963), 3589 GT raced for two different teams in a year with only two drivers and on two continents. Entered by Tommy Sopwith's Team Endeavour with the support of Maranello Concessionaires, 3589 GT began its sporting career in England with second place in the Sussex Trophy on the Goodwood circuit. It was the start of a series of good results and victories in Great Britain that revealed and underlined the talent of engineer, Mike Parkes. In October 1962, the GTO was sold to Tom O'Connor and in Rosebud Racing Team colours it competed in the Nassau Speed Week scoring a third-place finish in particular in the Nassau Tourist Trophy driven by Innes Ireland. In 1963, still in the hands of the Scot a puncture caused its retirement in the Daytona 3 Hours. Its sporting results ended with sixth place

3589 GT. Mike Parkes dans ses œuvres à Brands Hatch, lors du Peco Trophy qu'il va remporter au volant de la 3589 GT devant les GTO de Salvadori, Ireland et Surtees. Peu après, sous une pluie torrentielle, Parkes remportait le Molyslip Trophy (Tourisme) et le Guards Trophy (Sport, Ferrari Dino 246 SP) ajoutant à son palmarès naissant toutes les courses auxquelles il participa ce 6 août 1962. (Archives Ferrari, auteur inconnu)

3589 GT. Mike Parkes hard at work at Brands Hatch in the Peco Trophy, which he won in 3589 GT beating the GTOs of Salvadori, Ireland and Surtees. Shortly afterwards he won the Molyslip Trophy (Touring cars) and the Guards Trophy (Sport, Ferrari Dino 246 SP) in torrential rain adding to his results victories in all the races he took part in on 6th August 1962. (Archivio Ferrari – Autore sconoscuito)

place aux 12 Heures de Sebring conclut son palmarès sportif. L'année suivante, Tom O'Connor se retirait de la compétition et donnait la 3589 GT à la Victoria High School, un lycée technique texan, où elle servit à la formation des mécaniciens. Laissée à l'abandon pendant plus d'une décennie, propriété de plusieurs collectionneurs ou amateurs, elle est aujourd'hui restaurée.

in the Sebring 12 Hours. Tom O'Connor retired from racing and gave 3589 GT to the Victoria High School, a Texan technical school, where it was used to train car mechanics. It was left abandoned for more than a decade and then belonged to several collectors or enthusiasts. Today, it has been fully restored.

3589 GT. À Goodwood, moins de deux semaines après sa victoire au Peco Trophy, Parkes (figé ici par David Phipps), toujours au volant de la 3589 GT, terminait troisième du Tourist Trophy au terme d'une lutte de tous les instants avec les GTO d'Ireland (vainqueur) et de Graham Hill (deuxième). (LAT)

3589 GT. At Goodwood less than two weeks after his win in the Peco Trophy, Parkes (snapped here by David Phipps), is still at the wheel of 3589 GT. He came third in the Tourist Trophy after a ding-dong battle with the GTOs of Ireland (winner) and Graham Hill (second). (LAT)

3589 GT. Confiée pour les 12 Heures de Sebring 1963 au tandem Ginther-Ireland, la 3589 GT, pénalisée par une rupture de Durit d'eau, terminait sixième, précédée dans sa catégorie par la GTO de Penske-Pabst et celle d'Abate-Bordeu. (Bernard Cahier, The Cahier Archive)

3589 GT. Ginther-Ireland drove 3589 GT in the Sebring 12 Hours, but were delayed by the rupture of a water line. They finished sixth in their category behind the GTOs of Penske-Pabst and Abate-Bordeu. (Bernard Cahier/The Cahier Archive)

9

3607 GT

Achetée en juin 1962 par Ferdinando Pagliarini, la 3607 GT est principalement vue en courses de côte jusqu'en juin 1963, puis à Monza, notamment lors de la Coppa Inter-Europa qu'elle termine cinquième. Acquise par l'Écurie Francorchamps, elle dispute, sans se distinguer, le Tour de France 1964 avec Claude Dubois et Philippe de Montaigu, puis le Grand Prix d'Angola où elle se classe cinquième avec António Peixinho, un coureur local. Vendue en 1965 à Philippe de Montaigu, elle est confiée à son épouse (née Annie Soisbault) qui en pulvérise l'avant droit lors du Rallye de l'Ouest. Reconditionnée, elle remporte le Grand Prix de Paris face à une opposition anémique. Un mois plus tard (27 juin), nouvel accrochage : alors qu'elle dispute la Course de côte du mont Ventoux, Annie Soisbault de Montaigu enfonce l'avant gauche de la GTO après avoir heurté un muret à la sortie du virage de Saint-Estève. Acquise en juillet par Jean-Michel Giorgi, la 3607 GT apparaît occasionnellement en course. Deuxième du Rallye de l'AGACI en octobre, elle achève sa carrière sportive en février 1966 sur une anonyme dix-septième place au Rallye des Routes du Nord. La même année, elle entre dans la collection de Pierre Bardinon.

Ferdinando Pagliarini bought 3607 GT in June 1962 and raced it mostly in hill climbs until June 1963 then at Monza, in particular in the Coppa Inter-Europa in which it came home fifth. Bought by Écurie Francorchamps it competing in the 1964 Tour de France without exactly setting the road on fire in the hands of Claude Dubois-Philippe de Montaigu followed by the Angolan Grand Prix where it took fifth place driven António Peixinho, a local lad. The following year it was sold to Philippe de Montaigu who entrusted it to his wife (born Annie Soisbault) who pulverised the right-hand front end in the Rallye de l'Ouest. After being repaired it won the Paris Grand Prix against negligible opposition. A month later it had another accident on 27th June. Annie Soisbault de Montaigu was taking part in the Mont Ventoux hill climb and bent the left-hand front corner of the GTO badly by hitting a wall on the exit from the Saint-Estève corner. Jean Michel Giorgi acquired 3607 GT in July and appeared occasionally in races. The car was second in the Rallye de l'AGACI in October and finished its sporting career in February 1966 with an anonymous 17th place in the Rallye des Routes du Nord. The same year it became part of Pierre Bardinon's collection.

3607 GT. La 3607 GT n'est pas saisie ici aux 24 Heures du Mans 1964 (qu'elle ne disputa pas), mais lors de l'épreuve de classement du Tour de France qui se déroula sur le circuit sarthois, le 14 septembre. On la voit notamment dans le sillage de la GTO de Guichet. (Bernard Cahier, The Cahier Archive)

3607 GT. Here 3607 GT is not photographed at the 1964 Le Mans 24 Hours in which it never raced, but in the classification event in the Tour de France on the Sarthe circuit on 14th September. It is following Guichet's GTO. (Bernard Cahier/The Cahier Archive)

LONGLIFE

10

3647 GT

À défaut d'avoir un palmarès étoffé, elle fut la plus maltraitée des GTO. Vendue en juin 1962 au colonel Ronnie Hoare, elle court en Angleterre sous les couleurs du Bowmaker Racing, et connaît une première infortune à Goodwood lors du Tourist Trophy quand Surtees percute violemment l'Aston Martin DB4 GT Zagato de Jim Clark, parti en tête-à-queue devant lui. En octobre, cette fois sous les couleurs de Maranello Concessionaires, elle termine, avec distinction, deuxième des 1000 Kilomètres de Paris avec Surtees et Parkes. L'année suivante, confiée à Parkes, elle se classe deuxième du Sussex Trophy, puis huitième de la Targa Florio avec le prince russe Zourab Tchkotoua, son nouveau propriétaire, et l'Américain Hitchcock. La suite de la saison est moins glorieuse : en mai, lors des 1000 Kilomètres du Nürburgring, elle termine sur le toit après une sortie de route de l'Américain au Karussell ; en août, Hitchcock, toujours lui, la détruit à nouveau

3647 GT did not rack up a rich set of results as the victim of many accidents. Bought in June 1962 by Colonel Ronnie Hoare it raced in England under the Bowmaker Racing flag and had its first shunt at Goodwood in the Tourist Trophy when Surtees rammed Jim Clark's Aston Martin DB4 GT Zagato that had spun in front of him. In October in Maranello Concessionaires colours it finished in a superb second place in the Paris 1000 km driven by Surtees-Parkes. The following year Parkes drove it to second place in the Sussex Trophy and then eighth in the Targa Florio with Russian prince, Zourab Tchkotoua, its new owner, and American racer, Hitchcock. The rest of the season was more ignominious as in May in the Nürburgring 1000 km, it ended up on its roof after the American went off at the Karussell. In August Hitchcock – again – destroyed it in the Tourist Trophy by leaving the track in Madgwick corner exactly where Surtess

3647 GT. Amis dans la vie et coéquipiers en course, plus souvent pour le pire que pour le meilleur, Zourab Tchkotoua (en imperméable) et Tommy Hitchcock III posent devant la 3647 GT qu'ils mèneront à la huitième place de la Targa Florio 1963. (Bernard Cahier, The Cahier Archive)

3647 GT. Friends in real life and team-mates in races more often for worse than for better, Zourab Tchkotoua (raincoat) and Tommy Hitchcock III pose in front of 3647 GT which they drove to eighth place in the 1963 Targa Florio. (Bernard Cahier/ The Cahier Archive)

3647 GT. Après avoir abandonné lors de l'édition précédente, la 3647 GT disputa celle de la Targa Florio 1965, sa seule compétition de la saison. Elle se laisse ici doublement admirer : qu'on en profite, cela ne durera pas. (Bernard Cahier, The Cahier Archive)

3647 GT. After retiring in the previous year's event 3647 GT raced in the 1965 Targa Florio, its only competitive outing of the season. Here it can be doubly admired. Enjoy it as it wasn't destined to last! (Bernard Cahier/ The Cahier Archive)

lors du Tourist Trophy en s'égarant à Madgwick corner, très exactement où Surtees l'avait abîmée un an plus tôt ! Reconstruite, elle passe alors de main en main pour finir entre celles du tandem "Ulisse"-Marchesi, qui en enfonce l'avant lors de la Targa Florio 1965 ! Elle conclut peu après son tumultueux parcours sportif par quelques succès en courses de côte avec Tullio Sergio Marchesi.

had damaged it a year earlier! It was rebuilt and went from hand to hand before ending up in those of the tandem "Ulisse"-Marchesi, who pushed in its front in the 1965 Targa Florio! Soon afterwards it brought down the curtain on its tumultuous sporting career with a few wins in hill climbs driven by Tullio Sergio Marchesi.

3705 GT

3705 GT. Achetée par Jean Guichet quelques jours plus tôt, la 3705 GT se laisse admirer sous un soleil des plus ardents peu avant le départ des 24 Heures du Mans 1962. Vingt-quatre heures plus tard, elle entrait dans l'histoire de l'épreuve mancelle et de la marque. Dès sa première course. (Bernard Cahier, The Cahier Archive)

3705 GT. Bought by Jean Guichet a few days earlier, 3705 GT looks great in warm sunlight shortly before the start of the 1962 Le Mans 24 Hours. Twenty-four hours later it became part of the history of the Sarthe event - and Ferrari's - right from its very first race! (Bernard Cahier/The Cahier Archive)

3705 GT. En 1963, la 47e Targa Florio fut la première course que Nicolosi disputa avec la 3705 GT. Associé pour l'occasion à Taramazzo, il termina à une anonyme treizième place, qui ne refréna en rien l'admiration de tifosi en devenir. (Bernard Cahier, The Cahier Archive)

3705 GT. In 1963, the 47th Targa Florio was the first event in which Nicolosi raced 3705 GT. He teamed up with Taramazzo for the Targa and finished in an anonymous 13th place, which did nothing to stem the enthusiasm of budding Tifosi! (Bernard Cahier/The Cahier Archive)

Sans doute l'une des plus connues des GTO. Vendue à Jean Guichet en 1962, elle se classe deuxième des 24 Heures du Mans en juin, quatrième des Trophées d'Auvergne en juillet, et dispute en septembre un Tour de France des plus tumultueux où deux accidents la contraignent à l'abandon. En décembre, une place de deuxième dans le Critérium des Cévennes conclut une année fertile en succès et émotions. Acquise en 1963 par Egidio Nicolosi, elle se distingue surtout en courses de côte, mis à part deux participations à la Targa Florio en 1963 et 1964. Vendue à Cox Kocher en 1965, elle remporte en Suisse une série de succès dans des épreuves locales où elle achève une carrière sportive commencée avec éclat.

This is certainly one of the best-known GTOs. It was sold to Jean Guichet in 1962 and finished second in the Le Mans 24 Hours in June, fourth in the Trophées d'Auvergne in July and in September raced in an action-packed Tour de France in which it was forced to retire after two accidents. In December, a second place in the Critérium des Cévennes brought down the curtain on a season packed with success and excitement. In 1963, it was acquired by Egidio Nicolosi and shone above all in hill climbs apart from two outings in the Targa Florio in 1963 and 1964. In 1965, its new owner was Cox Kocher and in Switzerland it racked up a string of wins in local events to end a career that had begun with a bang!

12

3729 GT

Acquise en 1962 par John Coombs, propriétaire de l'écurie éponyme, puis en 1964 par Eddie Portman, la 3729 GT est l'une des rares GTO à avoir couru exclusivement sur le sol britannique. Sans surprise, elle disputa tant à Brands Hatch, Goodwood, Mallory Park, Snetterton qu'à Silverstone, un nombre important de meetings aux mains de Roy Salvadori, Graham Hill, Mike Parkes (qui l'endommagea lourdement à l'International Trophy en 1963) ou encore de Jack Sears, avec lequel elle finit première du Guards Trophy GT, son meilleur résultat. Elle clôt son palmarès sportif en 1964 par une neuvième place du Tourist Trophy, avec Richie Ginther.

In 1962, John Coombs, owner of the eponymous team, bought 3729 GT. Two years later it had a new owner, Eddie Portman. It is one of the few GTOs to have raced exclusively in Great Britain. It took part in a number of important meetings at Brands Hatch, Goodwood, Mallory Park, Snetterton and Silverstone in the hands of Roy Salvadori, Graham Hill, Mike Parkes (who damaged it badly in the 1963 International Trophy), and Jack Sears who drove it to victory in the Guards GT Trophy, its best result. Its last race, the 1964 Tourist Trophy, ended in ninth place with Richie Ginther at the wheel.

3729 GT. Le Tourist Trophy 1962, couru sur cent tours du circuit de Goodwood, fut la deuxième épreuve que la 3729 GT disputa pour Coombs. Confiée à Graham Hill, elle se classa deuxième derrière la GTO d'Innes Ireland et devant celle de Parkes. Une course par ailleurs (très) mouvementée, qui vit les Ferrari d'Ireland et de Parkes se frotter les flancs en plein virage peu après le départ (mal parti, auteur d'un tête-à-queue, Parkes tentait alors le tout pour le tout pour refaire son retard) et Surtees, alors largement en tête, heurter de plein fouet l'Aston Martin de Clark en perdition à Madgwick, au soixante et unième tour (quelques instants plus tard, la Ferrari 250 GT de Benson vint s'abîmer sur elles). (LAT)

3729 GT. The second race in which 3729 GT took part for Coombs was the 1962 Tourist Trophy run over 100 laps of the Goodwood circuit. In the hands of Graham Hill it finished second sandwiched between the GTO driven by Innes Ireland and Mike Parkes's similar car. It was an action-packed race in which the Ferraris driven by Ireland and Parkes rubbed door handles in the corners soon after the start as the latter was going pedal to the metal to make up places after a bad getaway because of a spin. Surtees, who had a good lead, then harpooned Clark's wayward Aston Martin in Madgwick on lap 61 and a few instants later Benson's 250 GT Ferrari ploughed into the wrecked cars suffering serious damage. (LAT)

3757 GT

Des GTO, elle est celle qui eut la carrière la plus longue et le palmarès le plus dense. Acquise en juin 1962 par Jacques Swaters pour l'Écurie Francorchamps, elle se distingue d'emblée en se classant troisième des 24 Heures

Of all the GTOs, this car had the longest career and scored the best results. Jacques Swaters bought it in June 1962 for the Écurie Francorchamps and it shone straight away with a third-place finish in the

3757 GT. 24 Heures du Mans 1962. Il n'est pas rare que les essais imposent des ajustements de dernière minute qui invitent les maquettistes à un jeu des sept erreurs. La 3757 GT, vue ici au paddock et au départ, en témoigne avec la pose, au-dessus de l'échappement gauche, d'une tôle pour éviter toute projection d'essence et l'ajout d'une grille de protection sur les ouïes. On remarquera aussi l'élaboration singulière du numéro 22 ; une particularité qui n'a pas échappé à Nick Mason, le propriétaire actuel de la 3757 GT. Rappel de la nationalité belge de l'Écurie Francorchamps, le capot est orné d'une bande jaune. (Bernard Cahier, The Cahier Archive)

3757 GT. 1962 Le Mans 24 Hours. It's fairly frequent that practice results in last-minute tweaks, which often lead to a game of "spot the errors" for model builders. 3757 GT seen here in the paddock and at the start is proof of this with the fixation of a protective shield over the left-hand exhaust pipe to prevent fuel being sprayed onto it and protective grilles on the air intakes. The design of the number 22 is also quite original something that didn't escape the eagle eye of Nick Mason, the current owner of 3757 GT. As a reminder of the Belgian nationality of Écurie Francorchamps the bonnet is decorated with a yellow stripe. (Bernard Cahier/The Cahier Archive)

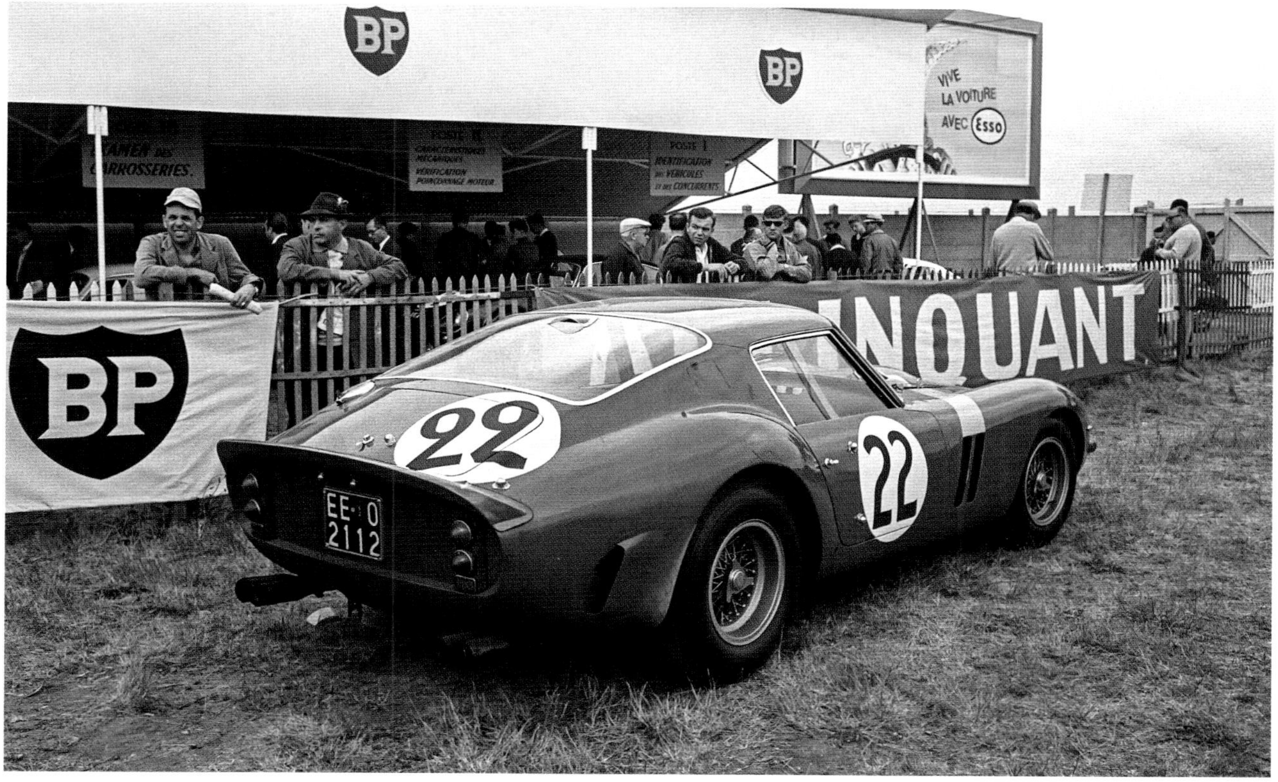
BP
VIVE LA VOITURE AVEC Esso
INQUANT
EE·O 2112
22

SOLEX
ANTAR molygraphite
AUTO-LITE
22
59

ONPRINZ-RÄDER
FUCHS
PENAPURA
MOTOROEL
Hazet
STROL
CASTROL
62
24

du Mans et du Tour de France. Acquise par le Belge Guy Hansez ("Remordu"), elle termine troisième de la Coupe du Salon, à Montlhéry, puis sixième des 1000 Kilomètres de Paris avant d'être disqualifiée, "Remordu" ayant repris le volant de la GTO (prêtée pour l'occasion à l'équipage "Eldé"-"Beurlys") sans l'accord des commissaires sportifs. En 1963, conduite par "Remordu", elle dispute, souvent avec succès, notamment en Belgique, un nombre considérable d'épreuves secondaires. Son acquisition par Peter Clarke en 1964 ne réfrène en rien son activité, particulièrement en sol britannique où elle truste victoires et places d'honneur. À l'inverse, la même année et en 1965, conséquence d'un usage soutenu et d'une confrontation avec une concurrence plus sévère, la plupart de ses courses sur le continent (Spa, Nürburgring, Reims) et outre-Atlantique (Sebring) se soldent par autant d'abandons qui préludent à sa retraite sportive.

Le Mans 24 Hours and the Tour de France. It was then sold to Belgian Guy Hansez ("Remordu") and saw the flag in third place in the Coupe du Salon at Montlhéry followed by sixth in the Paris 1000 km, but was disqualified as "Remordu" had got behind the wheel of the GTO (lent for this race to "Eldé"-"Beurlys"), without the agreement of the stewards. In 1963, it raced in a considerable number of local events driven by "Remordu" with success, in particular in Belgium. Peter Clarke bought it in 1964 and it competed in many races on British circuits, scoring victories and top-3 finishes. On the other hand, the same year and in 1965 as the result of almost non-stop use and much tougher rivals the majority of its races on the continent (Spa, Nürburgring, Reims) and in the USA (Sebring) ended in retirement, a prelude to its exit from the sporting scene.

3757 GT. 1000 Kilomètres du Nürburgring 1965. Victime d'une rarissime rupture de bielle lors des essais, réparée avec des moyens de fortune (le trou dans le bloc-moteur fut bouché avec de la résine et des tissus spéciaux), la 3757 GT (Clarke-Fielding) partit littéralement sur onze cylindres, uniquement pour compléter le nombre de GT 3.0 dans l'optique du championnat du monde. Sans surprise, elle ne boucla pas le premier tour. Elle est vue ici peu après le départ en compagnie de la Porsche 550 Spyder de P. de Siebenthal-Cuénoud, d'une Alfa Romeo Giulietta et d'une Marcos. (Bernard Cahier, The Cahier Archive)

3757 GT. 1965 Nürburgring 1000 km. The car was the victim of a very rare incident when the con rod broke in practice. Repairs were carried with what the team had available. The hole in the block was plugged with resin and special material so 3757 GT (Clarke-Fielding) started literally on 11 cylinders simply to complete the number of 3.0 GTs in view of the world championship. It was no surprise that it didn't finish the first lap. It is seen here shortly after the start with the P. de Siebenthal-Cuénoud Porsche 550 Spyder, an Alfa Romeo Giulietta and a Marcos. (Bernard Cahier/The Cahier Archive)

14

3767 GT

Habituée des places d'honneur, parfois victorieuse, la 3767 GT est celle qui a voyagé le plus, passant, parfois avec réussite, d'un continent à l'autre. Acquise par David Piper en 1962, elle commence une carrière frénétique en terminant sixième du Peco Trophy. Après une cinquième place au Tourist Trophy, un accident à Crystal Palace interrompt temporairement sa saison britannique avant une quatrième place au Tour de France, qui marque le début d'une période riche en déplacements. En Afrique, elle remporte les 9 Heures de Kyalami avec Piper et Bruce Johnstone, un pilote amateur local (Doug Serrurier, Lotus Alfa 23, son plus farouche adversaire jusqu'à son abandon sur bris de suspension, prêta sportivement ses pneus de rechange à Piper pour lui permettre de finir la course), puis termine troisième du Grand Prix d'Angola. En février 1963, une cinquième place aux 250 Miles de Daytona marque ses débuts aux États-Unis. Mais, vieillissante face à une

3767 GT was a frequent top-3 finisher and occasional winner and is the GTO that has done the most travelling passing from one continent to another with occasional victories. David Piper purchased it in 1962 and it began a hectic career by finishing sixth in the Peco Trophy. After fifth in the Tourist Trophy, an accident at Crystal Palace briefly interrupted its English season before it clinched fourth spot in the Tour de France, which marked the start of a period during which it racked up thousands of miles. In Africa, 3767 GT won the Kyalami 9 Hours driven by Piper and local amateur, Bruce Johnstone. Doug Serrurier in his Lotus Alfa 23 was its toughest rival until his retirement with broken suspension; and he very sportingly lent his spare tyres to Piper to enable the Englishman to finish the race. The car then came third in the Angolan Grand Prix. In February 1963, fifth place in the Daytona 250 Miles marked its debut

3767 GT. Lors des 12 Heures de Sebring 1963, Piper passe, indifférent au sort d'une Cobra visiblement aux mains d'un pilote (MacDonald ou Roberts) aussi étonné qu'admiratif. Un an plus tard, toujours à Sebring, la 3767 GT, avant meurtri, bas de caisse enfoncé, témoigne de l'âpreté d'une course qu'elle finira à l'agonie. (Bernard Cahier, The Cahier Archive)

3767 GT. During the 1963 Sebring 12 Hours, Piper passes by indifferent to the fate of a Cobra in the hands of either MacDonald or Roberts who glances admiringly the GTO. A year later still at Sebring 3767 GT with a damaged front and badly dented sills proves the pitiless nature of a race in which it limped home to the finish. (Bernard Cahier/ The Cahier Archive)

concurrence allant se raidissant, elle termine quatorzième des 12 Heures de Sebring avec Piper et Cantrell, son propriétaire depuis le mois de mars. Revenue en Europe, et avant son retour définitif aux États-Unis, elle abandonne aux 500 Kilomètres de Spa et signe une sixième place aux 1000 Kilomètres du Nürburgring. La suite sera moins heureuse avec des apparitions sporadiques souvent conclues par des abandons (Laguna Seca, Watkins Glen). En 1964, après une disqualification aux 2000 Kilomètres de Daytona (Kolb-Foyt), elle participe laborieusement aux 12 Heures de Sebring. Elle termine sa carrière sportive à la Nassau Speed Week avec Thomas T. Fleming, son nouveau propriétaire.

in the United States. But it was starting to show its age against stiffer competition and it finished 14th in the Sebring 12 Hours with Piper and Cantrell, its new owner since March. It returned to Europe, retired in the Spa 500 km and then came sixth in the Nürburgring 1000 km before going back to the USA for good. From then on, things began to go downhill with sporadic appearances mostly ending in retirement (Laguna Seca, Watkins Glen). In 1964, after being disqualified in the Daytona 2000 km (Kolb-Foyt), it had a laborious outing in the Sebring 12 Hours. Its sporting career came to an end in the Nassau Speed Week driven by Thomas T. Fleming, its new owner.

15

3769 GT

Par contraste avec la plupart des GTO, la 3769 GT ne courut jamais hors de son pays d'acquisition. Vendue à Fernand Tavano le 13 juin 1962, elle dispute les 24 Heures du Mans et le Tour de France, deux participations qui se soldent par autant d'abandons, mais qui marquent le début d'une carrière sportive, riche et foisonnante de victoires en rallyes (Rallye de Cognac en 1962, de Picardie en 1963) et courses de côte. Acquise par Sylvain Garant, elle change sa livrée d'origine (bleu métallique, bande bleu sombre) pour une couleur bleu de France (plus tard augmentée d'une bande tricolore). En février 1964, elle termine deuxième du classement général GT au Rallye des Routes du Nord et commence une seconde carrière aussi exubérante et fructueuse que la précédente. *A contrario*, sa seconde participation au Tour de France se solde par un abandon. Les deux saisons suivantes sont le reflet de la précédente, en particulier celle de 1965 qui la voit participer à pas moins de dix-sept épreuves, et l'emporter en GT aux Coupes de l'USA (Union sportive automobile) et aux rallyes de Picardie et du Touquet. Elle quitte la scène sportive sur un abandon lors des 1000 Kilomètres de Paris 1966.

Unlike the majority of the GTOs, 3769 GT never raced outside the country where it was bought. It was sold to Fernand Tavano on 13th June 1962 and competed in the Le Mans 24 Hours and the Tour de France, both of which ended in retirement, but marked the start of a rich sporting career with a raft of victories in rallies (Rallye de Cognac in 1962, Picardy in 1963) and hill climbs. Bought by Sylvain Garant, it swapped its original colour (metallic blue with a dark blue stripe) for French blue (later on a tricolor stripe was added). In February 1964, it finished second in the overall GT classification in the Rallye des Routes du Nord and began a second career as triumphant and successful as the first one. On the other hand, its second outing in Tour de France finished in retirement. The next two seasons reflected the first, in particular 1965 in which it raced in no fewer than 17 events winning the GT category in the Coupes de l'USA (Union Sportive Automobile) and the Picardy and Le Touquet rallies. Its final outing in the 1966 Paris 1000 km ended in retirement.

3769 GT. De 1964 jusqu'à son retrait de la compétition en 1966, la 3769 GT disputa avec Sylvain Garant un nombre considérable d'épreuves exclusivement en France. Elle est vue ici lors de la Course de côte du mont Ventoux en 1965 (où la présence de la 3607 GT d'Annie Soisbault de Montaigu immobilisée en pleine route après avoir heurté un muret l'obligea à couper son élan) et à Chamrousse, l'année suivante. On remarquera qu'elle est toujours fidèle à son immatriculation italienne, 77915 MO. (Archives Maurice Louche)

3769 GT. From 1964 until its withdrawal from racing in 1966, Sylvain Garant in 3769 GT competed in a considerable number of events in France only. Here he is at Mont Ventoux in 1965 where 3607 GT driven by Annie Soisbault de Montaigu is stuck in the middle of the road after hitting a wall forcing him to stop: he also competed at Chamrousse the following year. 3769 GT still carries its Italian registration number, 77915 MO. (Archives Maurice Louche)

16

3809 GT

Vendue au Suisse Kalman von Csazy en 1962, elle commence sa carrière sportive sur une note haute en remportant les Grands Prix de la Solitude, de la Rheinland-Pfalz et du Tyrol. La suite est moins brillante :

It was sold to Kalman von Csazy from Switzerland in 1962 and began its sporting career on a high note by winning the Solitude, Rheinland-Pfalz and Tyrol Grands Prix. It all went downhill after

3809 GT. Le 5 août 1962, la 3809 GT va s'élancer en tête du Grand Prix de la Rheinland-Pfalz, disputé en prologue de celui de F1. Six tours plus tard, sur un Nürburgring inondé et noyé dans la brume par endroit, elle s'imposera devant l'Aston Martin de Lindner (n° 8), les deux Porsche 356 B Carrera Abarth de Linge (n° 23) et Ben Pon (n° 20) et la Jaguar E de Whitmore (n° 9). La 250 GT SWB de Berney (n° 5) ne finira pas. (Bernard Cahier, The Cahier Archive)

3809 GT. On 5th August 1962, 3809 GT is about to start the Rheinland-Pfalz Grand Prix, a curtain-raiser to the F1 race, on pole. Six laps later on a fog-bound Nürburgring it took the chequered flag in first place from Lindner's Aston Martin (no. 8), two Porsche 356 B Carrera Abarths driven by Linge (no. 23) and Ben Pon (no. 20) and John Whitmore's E-Type Jaguar (no.9). Berney's 250 GT SWB (no. 5) didn't finish. (Bernard Cahier/The Cahier Archive)

3809 GT. Que la 3809 GT fût la GTO qui souffrit le plus est ici doublement évident. Victime d'une sortie de route au Karussell lors des essais des 1000 Kilomètres du Nürburgring 1963, elle fut remise en état pour prendre le départ de la course. Ironie du sort, au trente-cinquième tour elle sortira de nouveau et définitivement au même endroit ! (Bernard Cahier, The Cahier Archive)

3809 GT. That 3809 GT was the GTO that suffered the most is doubly obvious here. It went off in the Karussell in practice for the 1963 Nürburgring 1000 km, but was repaired in time to line up on the grid. As fate would have it it crashed again in the same spot in the race on lap 35 and retired! (Bernard Cahier/The Cahier Archive)

en octobre, von Csazy démolit sa calandre pendant les 1000 Kilomètres de Paris (cette fois plus sérieusement qu'il ne l'avait fait lors des essais). Pire, en 1963, son coéquipier Hedges lui fait subir une série de tonneaux lors de l'entraînement de la Targa Florio, et son équipage (von Csazy-Foitek) lui inflige une double sortie de route aux 1000 Kilomètres du Nürburgring. En octobre, von Csazy se sépare de la 3809 GT après une victoire à la Coppa AMAG, à Monza. Acquise par Pierre Sudan en 1964, elle remporte sa catégorie à la Coppa AMAG et dispute, avec succès, une série de courses de côte avant de quitter la scène sportive en octobre.

that. In October, von Csazy demolished its radiator in the Paris 1000 km (causing more damage than in practice). Things got worse in 1963 when his team-mate Andrew Hedges rolled it several times in practice for the Targa Florio and its drivers von Csazy-Foitek crashed twice in the Nürburgring 1000 km. In October, von Csazy got rid of 3809 GT after winning the Coppa AMAG at Monza. Pierre Sudan bought it in 1964 and it won its category in the Coppa AMAG, came first in a number of hill climbs before quitting the motor racing scene in October.

17

3851 GT

Elle est celle de tous les espoirs et d'une tragédie. La 3851 GT est acquise en 1962 par Henri Oreiller et Jo Schlesser. En septembre, elle effectue, après une bévue du Lorrain au Mans, un Tour de France d'anthologie, passant au terme de six jours d'une lutte intense de la trentième place à la deuxième au classement général final. Le 7 octobre, elle est partiellement détruite dans un accident qui coûte la vie à Henri Oreiller lors des Coupes du Salon, à Montlhéry. Reconstruite par l'usine, elle est vue essentiellement en courses de côte durant les saisons 1963 et 1964 aux mains de ses propriétaires successifs Paolo Colombo et Ernesto Prinoth, qui la détruira partiellement à la Coppa Inter-Europa. En octobre, une deuxième place au Prix du Tyrol clôturera son palmarès sportif.

In 1962, 3851 GT was sold to Henri Oreiller and Jo Schlesser who both had high hopes for it, but it ended in tragedy. In September, after a mistake by the driver from Lorraine at Le Mans, it had a great run in the Tour de France moving up from 30th to second place overall at the chequered flag after a titanic fight back. On 7th October it was partially destroyed in an accident that cost Henri Oreiller his life in the Coupes du Salon at Montlhéry. After being rebuilt by the factory, it raced mainly in hill climbs during the 1963 and 1964 seasons driven by its successive owners, Paolo Colombo and Ernesto Prinoth, who inflicted considerable damage on it in the Coppa Inter-Europa. In October, a second place overall in the GT Preis von Tyrol rang down the curtain on its racing career.

3851 GT. Henri Oreiller, vu ici lors du Tour de France 1962, fut champion olympique de la descente et du combiné aux Jeux olympiques de 1948 avant de se tourner vers le sport automobile. En 1952, il dispute sans succès les Coupes du Salon sur Dyna Panhard, puis entreprend un long apprentissage qui le voit s'affirmer au volant d'une Alfa Romeo TI en remportant une première place à l'indice du Tour de France 1959. Vu ensuite sur Alfa Zagato, il acquiert, en juillet 1961, une 250 GT SWB (2787 GT). Un abandon au Tour de France, une dixième place aux 1000 Kilomètres de Paris et une victoire aux Coupes du Salon sont le prélude à un début de saison 1962 très enlevé, marqué notamment par des victoires aux rallyes du Limousin, de Bordeaux et de Lorraine en addition de succès notoires en courses de côte. (Archives Ferrari, Photo Junior)

3851 GT. Le 7 octobre 1962, Edgar Berney (3909 GT) devance Henri Oreiller lors des Coupes du Salon. Au treizième tour, le pneu arrière droit de la 3851 GT éclata quand Oreiller, pour éviter une collision avec la Ferrari de "Remordu" auquel il prenait un tour, fit un écart (ou freina), provoquant un dérapage qui le précipitera contre un bâtiment de service au sortir de l'anneau de vitesse. Bien que la raison de l'accident n'ait jamais été formellement établie, il est possible que le passage dans une ornière située en bordure de virage au Faye (un commissaire de service placé à cet endroit remarqua que, lors de l'ultime passage de la Ferrari, sa roue descendit "dans cette ornière, produisant un bruit métallique") soit à l'origine d'un bris de rayon ou que des séances prolongées de freinage à l'abord du virage des Deux-Ponts en début de course aient endommagé les pneumatiques. Grièvement blessé, Oreiller s'éteignit peu après son transfert à l'hôpital, il avait 36 ans. (Archives Maurice Louche)

3851 GT. Henri Oreiller seen here in the 1962 Tour de France was an Olympic downhill/slalom skiing champion in the 1948 Olympic Games before turning his hand to motor sport. In 1952, he had a fruitless outing in the Coupes du Salon in a Dyna Panhard and then began a long learning curve, which helped him improve at the wheel of an Alfa Romeo TI in which he clinched first place in the Index of Performance in the 1959 Tour de France. His next car was an Alfa Romeo Zagato. In July 1961 he bought a 250 GT SWB (2787 GT). He retired in the Tour de France, came tenth in the Paris 1000 km and scored a victory in the Coupes du Salon, a prelude to a great start to the 1962 season marked by victories in the Limousin, Bordeaux and Lorraine rallies in addition to several successes in hill climbs. (Archivio Ferrari-Photo Junior)

3851 GT. On 7th October 1962, Edgar Berney (3909 GT) leads Henri Oreiller in the Coupes du Salon. On lap 13, the right-hand rear tyre of 3851 GT came off the rim when Oreiller who was lapping "Remordu's" Ferrari had to swerve or brake heavily to avoid the latter. This sent 3851 GT into a slide and it slammed into a service building on the exit from the oval. Although the reason for the accident was never formally established, it's possible that Oreiller went into a rut on the side of the virage au Faye (a marshal stationed there remarked that the last time the Ferrari passed by its wheel fell into the rut making a metallic noise) causing the rim to break or that long heavy braking phases on the way into the Deux-Ponts corner early on in the race damaged the tyres. Oreiller was badly injured in the crash and died soon after his transfer to hospital. He was 36. (Archives Maurice Louche)

156
156
80576 • MO

Weber
TOTAL
TOTAL
TOTAL
TOTAL
TOTAL
TOTAL
TOTAL

18

3869 GT

3869 GT. Octobre 1962. La 3869 GT, suivie d'une 250 GT 2+2, s'apprête à partir pour Earls Court, cadre du Salon de Londres où elle ne connaîtra qu'un succès d'estime. En 1962, en France, une 250 GT 2+2 est vendue 73 500 francs, contre 80 000 francs pour une GTO. Par comparaison, une Jaguar E coûte 40 700 francs. (Archives Ferrari, P. J. Doyle)

3869 GT. October 1962. 3869 GT followed by a 250 GT 2+2 gets ready to leave for Earls Court in London, home of the British International Motor Show, where it attracted admiring glances, but nothing more. In France in 1962 , a 250 GT 2+2 cost 73 500 Francs against 80 000 F for a GTO. In comparison an E-Type Jaguar went for 40 700 F. (Archivio Ferrari – P. J. Doyle)

3869 GT. La 3869 GT ne disputa jamais que deux courses de côte sur le continent. Elle est vue ici lors de la Course de côte du mont Ventoux, le 27 juin 1965, où elle termina troisième de sa catégorie avec Karl Richardson. Cette photographie n'en est que plus rare. (Archives Maurice Louche)

3869 GT. 3869 GT competed in only two hill climbs on the Continent including Mont Ventoux on 27th June 1965 in which it finished third in its category driven by Karl Richardson. This is a very rare photograph. (Archives Maurice Louche)

Importée par Maranello Concessionaires, puis exposée au Salon de Londres 1962 où elle ne trouva aucun acheteur, la 3869 GT dut attendre le début de l'année suivante pour trouver en Ron Fry son premier acquéreur. Avec lui au volant, elle enchaîna, dès le mois de septembre et pendant un an, une série d'épreuves secondaires incluant pour l'essentiel des courses de côte à Dyrham Park, Wiscombe Park ou de sprint à Yeovilton, Weston-super-Mare, Castel Combe. Vendue en décembre 1964 à Karl Richardson, elle s'émancipa quelque peu sur le continent en se frottant sans succès à une concurrence plus relevée aux courses de côte du mont Ventoux et d'Ollon-Villars. Elle termina peu après ses pérégrinations sportives aux Brighton Speed Trials, sans s'essouffler.

3869 GT was imported by Maranello Concessionaires and put on display at the 1962 London Motor Show where it did not find any takers. It had to wait for a buyer until the beginning of the following year when Ron Fry became its first owner. In September with Fry at the wheel it began competing in a string of local events mostly hill climbs at Dyrham Park, Wiscombe Park and sprints in Yeovilton, Weston-super-Mare, Castle Combe, etc. In December 1964 Fry sold it to Karl Richardson who took it to Europe to do battle against much tougher opposition at Mont Ventoux and Ollon-Villars. Its sporting career ended on a high note at the Brighton Speed Trials.

19

3909 GT

Vendue en septembre 1962 au Suisse Edgar Berney, elle commence le Tour de France (Berney-Gretener) avec distinction avant son retrait sur bris de cardan. Victorieuse de la Coupe du Salon, elle abandonne aux 1000 Kilomètres de Paris (Berney-Bordeu), victime des abus et de l'impétuosité de l'Argentin (lors des essais, il était monté allégrement au-dessus de 9 000 tr/min). Après une séance d'essais à Monza, en mars 1963, elle termine troisième des 500 Kilomètres de Spa en même temps qu'elle révèle, malgré une transmission défaillante, le talent d'un pilote suisse d'extraction modeste, Joseph Siffert. Si l'on excepte des participations remarquées en courses de côte, la suite sera moins heureuse avec un abandon aux 1000 Kilomètres du Nürburgring (Walter-Müller) et au Tour de France (Berney-Gretener). Une troisième place à la Coppa AMAG conclura sa saison. Vendue à Claude Bourillot, le futur président de la Fédération française des sports automobiles, elle participera aux éditions 1964 et 1965 de la Targa Florio, mais finira sa carrière sportive en France où elle augmentera son palmarès de deux victoires consécutives au Rallye de Bourgogne 1964 et 1965.

In September 1962, 3909 GT was sold to Edgar Berney from Switzerland and made a promising debut in the Tour de France (Berney-Gretener) before retiring with a broken universal joint. It won the Coupe du Salon, and then retired in the Paris 1000 km (Berney-Bordeu) due to the impetuous Argentinean who exceeded 9000 rpm in practice. After a test session at Monza in March 1963, the GTO finished third in the Spa 500 km and revealed the talent of a Swiss driver from a humble background, Jo Siffert, despite transmission issues. Excepting some telling performances in hill climbs the rest of the year was less fruitful with retirement in the Nürburgring 1000 km (Walter-Müller) and the Tour de France (Berney-Gretener). Its season ended with third place in the Coppa AMAG. It was sold to Claude Bourillot, the future president of the French Motor Sports Federation, and took part in the 1964 and 1965 Targa Florios. It finished its racing career in France adding two consecutive victories in the 1964 and 1965 Rallye de Bourgogne to its laurels.

3909 GT. Bien que victorieuse du Rallye de Bourgogne (Bourillot-Bouly) trois semaines avant la Targa Florio 1964, la 3909 GT ne pouvait prétendre à rien d'autre que (bien) figurer en terre sicilienne. En la menant à la dixième place au général et à la troisième dans sa catégorie, Bourillot et de Bourbon-Parme firent mieux que remplir leur contrat. (Bernard Cahier, The Cahier Archive)

3909 GT. Although 3909 GT won the Rallye de Bourgogne (Bourillot-Bouly) three weeks before the 1964 Targa Florio its aim was to score a good result in Sicily. Bourillot and de Bourbon-Parme did better than expected by finishing 10th overall and third in their category. (Bernard Cahier/ The Cahier Archive)

3909 GT. Pour l'heure, tout va bien, la 3909 GT achève le premier tour de la Targa Florio 1965 et Michel de Bourbon-Parme, sans être à l'ouvrage, tient la cadence. Moins d'un tour plus tard, sa rencontre avec une borne dans un endroit délicat au moment de doubler un concurrent aura raison de l'avant gauche de la GTO. (Bernard Cahier, The Cahier Archive)

3909 GT. For the moment it's all going well as 3909 GT has completed the first lap of the 1965 Targa Florio and Michel de Bourbon-Parme without setting the track on fire is holding his own. Less than a lap later, impromptu contact with a marker stone while overtaking another car in a tricky spot damaged the left-hand front of the GTO. (Bernard Cahier/The Cahier Archive)

20

3943 GT

Acquise neuve en octobre 1962 par Pierre Noblet, un industriel fabricant de draperies dans le nord de la France, elle dispute les 1 000 Kilomètres de Paris (Noblet-

Pierre Noblet, a cloth manufacturer in the north of France, bought 3943 GT new in October 1962. He shared it with Jean Guichet in the Paris 1000 km

3943 GT. Pour les pilotes, le Karussell avec sa cuvette à 180° et son virage relevé est un révélateur de talent, il en est un aussi pour les photographes. Bernard Cahier confirme ici doublement le sien lors des 1 000 Kilomètres du Nürburgring 1963 en saisissant la 3943 GT seule et derrière la René Bonnet Djet de Vinatier-Laureau. (Bernard Cahier, The Cahier Archive)

3943 GT. The Karussell with its 180° "bowl" and its banked corner really shows a driver's talent and it's the same thing for photographers. Bernard Cahier displays his skills here twice in the 1963 Nürburgring 1000 km by snapping 3943 GT alone and behind the Vinatier-Laureau René Bonnet Djet. (Bernard Cahier/The Cahier Archive)

Guichet) où elle se classe quatrième. Avec le même équipage, elle remporte, en avril 1963, les 6 Heures de Dakar réservées aux voitures de Grand Tourisme. Puis elle termine deuxième des 500 Kilomètres de Spa (Noblet) et des 1 000 Kilomètres du Nürburgring (Noblet-Guichet). Elle clôt la saison à Reims où Noblet finit quatrième du Trophée international de vitesse à moins d'une seconde de la GTO de Bianchi. L'année suivante est moins brillante avec un abandon au Grand Rallye national de l'Ouest, dû à une sortie de route de Noblet au Mans, une anonyme treizième place aux 500 Kilomètres de Spa et une cinquième place au Grand Prix du Limbourg, à Zolder. Vendue en 1965 à Robert Neyret, un pilote semi-professionnel chirurgien-dentiste de formation, elle dispute durant deux saisons principalement des courses de côte (mont Ventoux 1966 et 1967) et des rallyes, notamment celui du Vaucluse 1967 qu'elle termine deuxième (Neyret-Syda) ; les 1 000 Kilomètres de Paris 1966 où elle se classe troisième (Neyret-Terramorsi) étant une exception. En 1967, elle est vendue à Jean Thépenier, importateur Maserati pour la France.

and they finished fourth. The same drivers won the 1963 Dakar 6 Hours reserved for grand touring cars. It then came second in the Spa 500 km (Noblet) and the Nürburgring 1000 km (Noblet-Guichet). Its season finished on the Reims circuit where Noblet was fourth in the Trophée International de Vitesse less than a second behind Bianchi's GTO. The following year was less successful with retirement in the Grand rallye national de l'Ouest due to the fact that Noblet had an accident at Le Mans, an anonymous 13th place in the Spa 500 km and fifth in the Limbourg Grand Prix at Zolder. In 1965, it was sold to Robert Neyret, dentist and semi-professional driver, and raced mainly in hill climbs for two seasons (Mont Ventoux 1966 and 1967) and rallies, in particular Vaucluse in 1967 in which it finished second (Neyret-Syda). Neyret-Terramorsi's third place in the 1966 Paris 1000 km was an exception. In 1967, Jean Thépenier the Maserati importer for France bought 3943 GT.

3943 GT. 500 Kilomètres de Spa 1964. Face à quatre Cobra et quatre GTO 64, sans parler des Jaguar E très affûtées de Protheroe et Sutcliffe, les GTO 62/63 ne pouvaient aspirer à la victoire. Si malgré tout celles de Piper et de Langlois van Ophem tirèrent leur épingle du jeu, Noblet ne put faire mieux que terminer treizième. (Bernard Cahier, The Cahier Archive)

3943 GT. 1964 Spa 500 km. Up against four Cobras and four GTO 64 as well as very well-prepared E-Type Jaguars driven by Protheroe and Sutcliffe, victory for the GTO 62/63 looked to be out of the question. Despite everything those of Piper and Langlois van Ophem made the most of the situation, but Noblet couldn't do any better than 13th. (Bernard Cahier/ The Cahier Archive)

21

3987 GT

Historiquement, elle est l'une des plus importantes GTO pour avoir été la seule conduite par les frères Rodriguez et s'être bâti aux États-Unis un palmarès de référence sans avoir été accidentée. Achetée neuve par Luigi Chinetti pour le NART en octobre 1962, elle dispute les 1000 Kilomètres de Paris, épreuve pour laquelle elle a été spécialement préparée, avec Pedro et Ricardo Rodriguez. Face à une opposition de qualité (huit GTO sont au départ, parmi lesquelles celles de Parkes-Surtees, Noblet-Guichet et Mairesse-Bianchi) "les deux benjamins des circuits", déjà vainqueurs l'année précédente de la même épreuve, vont livrer du premier au cent vingtième tour du circuit de Montlhéry une course sans faille ni faiblesse, ne perdant le commandement qu'au moment de ravitailler. Acquise en décembre par le Texan John W. Mecom Jr pour son écurie éponyme, elle permet à Roger Penske d'additionner les victoires lors de la Nassau Speed Week, notamment le Nassau Tourist Trophy qu'il remporte face à une opposition relevée.

En 1963, elle termine deuxième des 3 Heures de Daytona (Penske) avant de signer un succès majeur en se classant première des GT aux 12 Heures de Sebring avec Penske et Augie Pabst. Une victoire à la Pensacola GT Race (Penske) et une deuxième place en catégorie GT à la Road America 500 (Penske-Pabst) sont les derniers résultats saillants d'une carrière sur le déclin. Elle s'effacera des circuits en terminant deux fois cinquième du Grand Prix du *Los Angeles Times* (1963 et 1964), un résultat que l'on retiendra plus pour la notoriété du pilote, Richie Ginther, que pour celle de l'épreuve.

Historically speaking, 3987 GT is one of the most important GTOs as it is the only one driven by the Rodriguez brothers and it forged a benchmark set of results in the United States without being crashed. Luigi Chinetti bought it new for NART in October 1962 and after being specially tuned it raced in the Paris 1000 km driven by Pedro and Ricardo Rodriguez. The two youngsters, winners of the race the previous year, were up against top-class opposition (eight GTOs were at the start including those driven by Parkes-Surtees, Noblet-Guichet and Mairesse-Bianchi), and they put on a master class leading from the first to the 120th lap on the Montlhéry circuit only losing first place when they came in to refuel. Texan John W. Mecom Jr. bought it in December for his eponymous team and it helped Roger Penske to rack up victories during the Nassau Speed Week, in particular in the Nassau Tourist Trophy, which he won against tough opposition.

In 1963, 3987 GT finished second in the Daytona 3 Hours (Penske) and then scored a major victory by coming home first of the GTs in the Sebring 12 Hours driven by Penske and Augie Pabst. A win in the Pensacola GT Race (Penske) and second place in the Road America 500 GT category (Penske-Pabst) were its final results as its halcyon days were coming to an end. The GTO quit the racing scene with a brace of fifth places in the 1963 and 64 Los Angeles Times Grands Prix: a result more notable for the renown of the driver, Richie Ginther, than for that of the event.

3987 GT. Il ne s'agit pas de la 3387 GT des 12 Heures de Sebring 1962 mais de la 3987 GT vue au même endroit, avec le même numéro, un an plus tard. Au nombre des différences, on notera : un emplacement différent des feux de position et clignotants, l'addition d'une ouïe latérale et surtout un becquet arrière intégré et non rajouté. (Bernard Cahier, The Cahier Archive)

3987 GT. It is not 3387 GT from the 1962 Sebring 12 Hours, but 3987 GT seen in the same place with the same number a year later. Among the changes are a different position for the side lights and indicators, the addition of a lateral air intake and above all an integrated rear spoiler (not one tacked on). (Bernard Cahier/The Cahier Archive)

24

24
24

22

4091 GT

Acquise en novembre 1962 par Sergio Bettoja, elle est recarrossée durant l'hiver 1963-1964 en version 64. Avec Edoardo Lualdi, elle commence peu après une carrière sportive qui la voit principalement disputer des courses de côte le plus souvent en Italie, sa participation à celle du Mont Ventoux faisant exception. Elle termine la saison en remportant la Coppa FISA, à Monza. En 1965, avec Clemente Ravetto, elle dispute à nouveau une série de courses de côte, enrichissant notamment son palmarès d'un succès dans sa catégorie à Sestrières et d'une surprenante première place catégorie GT 3.0 à la Targa Florio. Vue ensuite aux mains d'Adriano Reale et de Carlo Armiraglio, elle s'efface de la scène sportive en 1967.

Sergio Bettoja bought 4091 GT in November 1962 and it was rebodied in 1964 trim during the 1963/64 winter. It began its sporting career soon afterwards driven by Edoardo Lualdi, which consisted mainly of hill clmbs mostly in Italy with the exception of Mont Ventoux. It finished the season with victory in the Coppa FISA at Monza. In 1965, in the hands of Clemente Ravetto it raced in more hill climbs adding to its results with a category success in Sestrières and a surprising first place in the 3.0 GT category in the Targa Florio. Afterwards, it was driven by Adriano Reale and Carlo Armiraglio and 4091 GT quit the sporting scene in 1967.

4091 GT. Étrangère à tout effort sportif avant d'être recarrossée, la 4091 GT est en route pour remporter sa catégorie et signer le principal succès de sa carrière lors de la Targa Florio de 1965. L'année suivante, sa seconde participation à la Targa Florio (Reale-Marsala) se soldera par un abandon. (Bernard Cahier, The Cahier Archive)

4091 GT. 4091 GT did not take part in any races before being rebodied during the 1963/64 winter and is en route to winning its category, the greatest victory of its career, in the 1965 Targa Florio. The following year its second outing (Reale-Marsala) in the same event ended in retirement. (Bernard Cahier/The Cahier Archive)

23

4115 GT

Acquise par Hermann Cordes, la 4115 GT est la seule GTO livrée neuve en Allemagne et sans doute celle dont le palmarès est le plus mince. En 1963, outre deux courses de côte, elle dispute des épreuves secondaires sur différents circuits nationaux, dont celui de Hockenheim où elle remporte l'épreuve GT.
Vendue l'année suivante à Manfred Ramminger, on la verra principalement lors des 500 Kilomètres de Spa, où elle abandonnera, puis aux 1000 Kilomètres du Nürburgring. Propriété de Werner Lindermann en 1965, elle participera sans éclat aux 1000 Kilomètres du Nürburgring et se retirera peu après de la scène sportive.

Hermann Cordes bought 4115 GT, the only GTO delivered new to Germany and the one with the fewest results. In 1963, besides two hill climbs it competed in local races on different national circuits including Hockenheim where it won the GT event.
The following year Cordes sold it to Manfred Ramminger and its main races were the Spa 500 km in which it retired and then the Nürburgring 1000 km. In 1965, it became the property of Werner Lindermann and had a low-key outing in the Nürburgring 1000 km. It retired from racing soon afterwards.

4115 GT. Les 1000 Kilomètres du Nürburgring 1965. Plus rapide à l'entraînement que l'année précédente (9' 53" 8) mais moins bien placée, la 4115 GT (Lindermann-Ramminger) ne pouvait espérer que finir. Ce qu'elle fit en se classant vingt-troisième, deuxième de sa catégorie. (Bernard Cahier, The Cahier Archive)

4115 GT. 1965 Nürburgring 1000 km: 4115 GT (Lindermann-Ramminger) was quicker in practice (9m 53.8s) than the previous year but further back on the grid and its main aim was to finish. Which it did in 23rd place and second in its category. (Bernard Cahier/The Cahier Archive)

4153 GT

Historiquement parlant, elle est l'une des plus importantes, sinon la plus importante, des GTO. Celle au palmarès le plus riche et qui révéla, ou confirma, le talent des plus grands pilotes belges du moment. Propriété du Français Pierre Dumay puis de Jacques Swaters (Écurie Francorchamps), elle commence sa carrière sportive avec brio en terminant quatrième des 24 Heures du Mans 1963 et la poursuit à Reims avec une sixième place au Trophée international de vitesse (Dumay). En octobre, elle termine deuxième au Grand Prix d'Angola (Bianchi). Si elle commence timidement 1964 avec une sixième place aux 500 Kilomètres de Spa (Langlois van Ophem) et une dix-huitième au Nürburgring, elle la poursuit sur la plus haute note en remportant de haute lutte le Tour de France. Une cinquième place aux 1 000 Kilomètres de Paris (Bianchi-Langlois van Ophem) et une huitième en Angola (Bianchi) clôturent l'année. En 1965, signe d'un déclin amorcé, seuls deux résultats émergent d'une saison marquée par de nombreux abandons (500 Kilomètres de Spa, 12 Heures de Reims avec Grant-Ligier, Marathon de la Route) : elle termine deuxième au classement général scratch du Rallye du Limousin avec Mairesse (vainqueur de cinq des sept secteurs de vitesse) et Gauvain, et se classe troisième, en catégorie GT, au mont Ventoux, toujours avec Mairesse. Pour l'essentiel, elle quitte la scène sportive à l'issue de la Course de côte d'Urcy, pilotée par Langlois van Ophem.

Historically speaking 4153 is one of the most important GTOs, if not the most important. It racked up a rich set of results and revealed or confirmed the talent of the greatest Belgian drivers of the era. Owned by Frenchman, Pierre Dumay, and then by Jacques Swaters (Écurie Francorchamps), it began its racing career on a high by finishing fourth in the 1963 Le Mans 24 Hours and continued in the same vein with sixth place in the Trophée International de Vitesse (Dumay) on the Reims circuit. In October, it saw the flag in second spot in the Angolan Grand Prix (Bianchi). 1964 got off to a low-key start with sixth in the Spa 500 km (Langlois van Ophem) and 18th at the Nürburgring followed by victory in the Tour de France after a race-long battle. Fifth place in the Paris 1000 km (Bianchi-Langlois van Ophem) and eighth in Angola (Bianchi) brought down the curtain on the year. By 1965, it was beginning to show its age and scored only two notable results in a season marked by several retirements (Spa 500 km, Reims 12 Hours with Grant-Ligier, Marathon de la Route). 4513 GT came second overall in the Rallye du Limousin driven by Mairesse (winner of five of the seven speed stages) and Gauvain and clinched third place in the GT category at Mont Ventoux again with Mairesse at the wheel. Driven by Langlois van Ophem it disappeared from the racing scene after the Urcy hill climb.

4153 GT. Ci-contre et pages suivantes. En route vers la gloire ! Difficile au début des années 1960 d'imaginer qu'une quatrième place aux 24 Heures du Mans 1963 et une victoire au Tour de France 1964 feront de la 4153 GT l'une des voitures les plus convoitées au monde. Et pourtant. En attendant, elle est vue ici lors des 24 Heures en 1963, puis au Mans lors du Tour de France 1964. (Bernard Cahier, The Cahier Archive)

4153 GT. Opposite and following pages. Bound for glory! Difficult at the start of the 1960s to imagine that fourth place in the Le Mans 24 Hours and victory in the 1964 Tour de France would make 4153 GT one of the most sought-after cars in the world. And yet... In the meantime it is seen here in the 1963 Le Mans 24 Hours and 1964 Tour de France at Le Mans. (Bernard Cahier/The Cahier Archive)

MARCHAL
25
25

172

Certes, le Tour de France automobile (ici celui de 1964) ne connut pas la ferveur du Tour de France cycliste, mais compte tenu que l'épreuve se déroulait en septembre et en semaine, on peut affirmer qu'il fut populaire comme en témoignent ces photos. Et quelle occasion d'approcher (au plus près) voitures et pilotes ! L'auteur de ces lignes s'en souvient encore avec émotion. (Bernard Cahier, The Cahier Archive)

Certainly, the Tour de France automobile (here the 1964 event) never matched the popular fervour of the Tour de France cycliste, but taking into account the fact that it was run in September and during the week, it could be said that it too was very popular as these photos testify. And it also provided a marvellous opportunity for fans to rub shoulders with the cars and drivers as the author of these lines still recalls with emotion. (Bernard Cahier/The Cahier Archive)

MO 8
4265

25

4219 GT

Une histoire simple : en février 1963, Mamie Spears Reynolds achète la 4219 GT à Luigi Chinetti, qui l'inscrit sous les couleurs du NART aux 3 Heures de Daytona, que remporte Pedro Rodriguez. Une victoire acquise non sans une empoignade de tous les instants avec la Cobra de Skip Hudson, finalement victime de son embrayage, et une longue délibération des commissaires à la suite d'une plainte de l'écurie John Mecom accusant Rodriguez d'être resté dans la voiture pendant le dernier ravitaillement. Au résultat, la pénalité de 50 secondes infligée par les commissaires au Mexicain lui permit de gagner, son avance sur Penske se montant alors à 64 secondes. Les 12 Heures de Sebring suivent, mais Bonnier et Cannon ne peuvent faire mieux que treizièmes. Et c'est tout ou presque. Acquise en mai par Beverley Spencer, la 4219 GT dispute trois courses mineures avec Frank Crane, pour prendre définitivement ses distances des circuits, en juillet.

A straightforward history: in February 1963, Mamie Spears Reynolds bought 4219 GT from Luigi Chinetti who entered it for the Daytona 3 Hours, which it won in NART colours driven by Pedro Rodriguez. But he had to fight a long battle with Skip Hudson's Cobra finally let down by its clutch. Then came a protest lodged by John Mecom's team accusing Rodriguez of remaining in the car during the final refueling stop. But the 50-second penalty imposed by the stewards on the Mexican didn't change anything as he had crossed the line 64 seconds in front of Roger Penske. Its next outing was the Sebring 12 Hours in which Bonnier and Cannon couldn't do any better than 13th. And that was about that. 4219 GT was bought by Beverley Spencer in May, raced in three minor events driven by Frank Crane before bowing out for good in July.

4219 GT. Discrète, pour ne pas dire effacée, la 4219 GT est saisie ici lors des 12 Heures de Sebring 1963, l'une des rares courses qu'elle disputa. Faute de palmarès, l'histoire retiendra que Pedro Rodriguez et Joakim Bonnier, deux des meilleurs pilotes de leur temps, se partagèrent son volant. (Bernard Cahier, The Cahier Archive)

4219 GT. 4219 GT did not exactly hit the headlines, but it was a good race car seen here in the 1963 Sebring 12 Hours, one of the few events in which it took part. Its results were not destined to go down in the annals despite being shared between two of the best drivers of the time, Pedro Rodriguez and Jo Bonnier. (Bernard Cahier/The Cahier Archive)

28

4293 GT

Si les meilleures histoires sont, dit-on, les plus courtes, celle-ci est assurément la meilleure, car la 4293 GT n'a jamais connu durant sa carrière sportive qu'un propriétaire, Jacques Swaters, qu'une écurie, l'Écurie Francorchamps, et quatre pilotes, belges comme il se doit. Son palmarès n'en est pas moins juteux. En juin 1963, elle remporte les 500 Kilomètres de Spa avec Mairesse au terme d'une lutte ardente avec la GTO de Noblet (pénalisé par un ravitaillement calamiteux qui lui fit perdre le commandement, le Belge, auteur d'une remontée fantastique sur le Français, reprit la tête à huit tours de la fin). Aux 24 Heures du Mans, elle signe une superbe deuxième place avec "Beurlys" et Langlois van Ophem. Quatre jours plus tard, elle remporte, avec "Beurlys", la course GT disputée en support de l'inauguration du circuit de Zolder. Le 30 juin, elle ferme sa parenthèse sportive à Reims en terminant troisième, et première de la catégorie Prototypes 3 litres, du Trophée international de vitesse.

Disputée sur une heure, cette course fut particulièrement mouvementée pour voir en moins de cinq tours l'élimination, sur panne, sortie de route (sans dommage pour les pilotes) ou casse, des principaux favoris : dès le départ, Parkes (Ferrari 250 P) était en délicatesse avec son embrayage (il le fera réparer et portera à 209,728 km/h de moyenne le record du tour, mais il ne fut pas classé faute d'avoir couvert la distance suffisante) ; dans la courbe rapide qui précède le virage de Muizon, Simon (Maserati Tipo 151) partait dans les champs en entraînant la GTO de Piper-Hegbourne (Lotus 23) voulant l'éviter. Porté en tête, Schlesser (Aston Martin DP 215) se

If, as people say, it's always better to keep it short, then this applies to 4293 GT, which had only one owner Jacques Swaters, one team, Écurie Francorchamps and four Belgian drivers - who else? Even so it scored good results. In June 1963, it won the Spa 500 km driven by Mairesse after a ding-dong battle with Noblet's GTO. The Belgian was handicapped by a disastrous refuelling stop, which cost him first place and he made a fantastic comeback catching the Frenchman and taking the lead eight laps from the finish. In the Le Mans 24 Hours it clinched a superb second place with "Beurlys"-Langlois van Ophem. Four days later in the hands of "Beurlys" it won the GT race, a supporting event, at the inauguration of the Zolder circuit. On 30th June it had its final outing at Reims finishing third and first in the 3-litre prototype category in the Trophée International de Vitesse.

This one-hour race was a particularly action-packed one with the elimination through failure, accident (no injuries for the drivers), or breakdowns of the main favourites in fewer than five laps! Right from the start, Parkes (Ferrari 250 P) was having clutch problems (he had it repaired and raised the race's lap record to 209,728 km/h, but was not classified as he had not covered sufficient distance). In the quick curve before Muizon Simon (Maserati Tipo 151) flew off into the fields taking out Piper's GTO and Hegbourne's Lotus 23 who were trying to avoid him. Schlesser (Aston Martin DP 215) took the lead and crossed swords with Salvadori (Cooper-Monaco)

4293 GT. Si elle courut peu, la 4293 GT obtint des succès majeurs, en particulier aux 24 Heures du Mans 1963 où elle termina deuxième au terme d'une magistrale démonstration de pilotage rapide et sûr avec "Beurlys" et Langlois van Ophem, qui découvrait l'épreuve. (Bernard Cahier, The Cahier Archive)

4293 GT. 4293 GT didn't do a lot of racing despite which it scored some great results, in particular in the 1963 Le Mans 24 Hours in which it took the flag in second place after a flawless quick consistent drive by "Beurlys" and Langlois van Ophem having their maiden outing in the event. (Bernard Cahier/The Cahier Archive)

livrait à quelques passes d'armes avec Salvadori (Cooper-Monaco) avant d'abandonner, victime d'un surrégime. Ses rivaux les plus dangereux ayant tenu… trois tours, Abate prenait au huitième passage le meilleur sur Salvadori, qui allait abandonner deux boucles plus tard. Laissé sans adversaires, il restait à l'Italien de tenir à distance Protheroe (Jaguar E Lightweight), tandis que les GTO de Bianchi, Noblet et Dumay, bientôt décramponné, s'empoignaient pour une troisième place qui revint au Belge pour moins d'une seconde.

before retiring due to over-revving. As Abate's most dangerous rivals had quit the dance after only three laps, he overtook Salvadori eighth time round (the latter retired two laps later) to snatch the lead. The Italian now had no rivals and all he had to do was to hold off Dick Protheroe's Lightweight E-Type Jaguar. The GTOs of Bianchi, Noblet and Dumay who were involved in a scrap for third place, which went to the Belgian by less than a second!

4399 GT

Livrée à Maranello Concessionaires en mai 1963, la 4399 GT commence d'emblée une longue et riche carrière en remportant le Whitsun Trophy et le Martini Trophy avec Mike Parkes, puis la catégorie GT dans l'épreuve éponyme disputée en lever de rideau du Grand Prix de Grande-Bretagne, cette fois avec Jack Sears. Mais si Parkes se distingue en septembre, notamment avec une deuxième place assortie d'une victoire dans sa catégorie à la Coppa Inter-Europa, le point d'orgue de la saison revient à Graham Hill avec une victoire au Tourist Trophy. Recarrossée durant l'hiver en version 64, la 4399 GT débute la saison en remportant coup sur coup le Sussex Trophy et l'International Trophy, avec Graham Hill, mais surtout les 500 Kilomètres de Spa où Parkes dépose ses adversaires après le retrait des Cobra, en particulier celle de Phil Hill, accablée dès le départ par une alimentation défectueuse. Suivent une sixième place aux 24 Heures

Maranello Concessionaires took delivery of 4399 GT in May 1963. It immediately began a long and successful career by winning the Whitsun Trophy and the Martini Trophy with Mike Parkes at the wheel; then the GT category in the eponymous event that was a curtain-raiser to the British Grand Prix this time driven by Jack Sears. Even if Parkes shone in September with second place plus victory in his category in the Coppa Inter-Europa, Graham Hill's win in the Tourist Trophy was the highlight of the season. During the winter its bodywork was transformed into 1964 configuration and 4399 GT kicked off the year by winning the Sussex Trophy and the International Trophy in quick succession driven by Graham Hill. Its biggest success of the year was victory in the Spa 500 km in which Parkes pulled away from all his rivals after the retirement of the Cobras, in particular the one driven by Phil Hill afflicted right from the start by defective ignition. It then finished sixth in the

4399 GT. Tourist Trophy 1963. Bien que débarrassé très vite de l'Aston Martin d'Ireland, victime de tête-à-queue à répétition, il fallut un Graham Hill transcendant (la roue avant gauche de la 4399 GT en témoigne) pour repousser les attaques incisives et répétées de Parkes (3729 GT). À l'arrivée, quatre dixièmes de seconde les séparaient en faveur du champion du monde. (LAT)

4399 GT. 1963 Tourist Trophy. Although he soon got rid of Ireland's Aston Martin (multiple spins), Graham Hill had to be at the top of his game (as proved by the state of 4399 GT's left-hand front wheel) to fend off the repeated incisive attacks of Mike Parkes (3729 GT). Only 4/10s separated them at the flag with the world champion emerging victorious. (LAT)

4399 GT. 12 Heures de Reims 1964. Présentées comme un nouveau duel Ford-Ferrari, les 12 Heures de Reims, dont c'était le retour après cinq ans d'interruption, tournèrent très vite en faveur des italiennes tant en Sport Prototype qu'en Grand Tourisme. Sixième après une heure de course, la 4399 GT (Parkes-Scarfiotti), sans adversaires dans sa catégorie depuis l'aube, pointait en troisième position à 7 heures du matin pour terminer à son pas derrière les 250 LM de G. Hill-Bonnier et de Surtees-Bandini, aucune Cobra ou Ford n'ayant dépassé la mi-course. (Bernard Cahier, The Cahier Archive)

4399 GT. 1964 Reims 12 Hours. Announced as another Ford-Ferrari duel, the Reims 12 Hours back on the calendar after a five-year hiatus, quickly turned in favour of the Italian make in both sports prototypes and GT. Sixth after an hour's racing, 4399 GT (Parkes-Scarfiotti) without rivals in its category since dawn, was in third place at 07:00 in the morning where it finished behind the 250 LMs of G.Hill-Bonnier and Surtees-Bandini as none of the Cobras or Fords had passed the half-distance mark. (Bernard Cahier/The Cahier Archive)

4399 GT. 1000 Kilomètres du Nürburgring 1965. La 4399 GT (Salmon-Kerrison), vieillissante, mais encore rapide, se comporta au mieux avant d'abandonner sur rupture de demi-arbre au vingt-troisième tour. Elle signa avec Salmon le meilleur temps en course de sa catégorie avec 9' 39", le record appartenant à Parkes (5573 GT) depuis l'édition précédente avec 9' 37" 7. (Bernard Cahier, The Cahier Archive)

4399 GT. 1965 Nürburgring 1000 km. The aging 4399 GT (Salmon-Kerrison) was still quick and put on a great display before retiring after a half-shaft broke on lap 23. Mike Salmon set the fastest lap in the race in his category in 9m 39s, which didn't beat the record set by Parkes (5573 GT) the previous year in 9m 37.7s. (Bernard Cahier/The Cahier Archive)

du Mans (Ireland-Maggs) et un podium acquis à l'usure aux 12 Heures de Reims (Parkes-Scarfiotti). Excepté une sixième place au Tourist Trophy (Ireland), le reste de la saison est moins brillant avec une discutable disqualification au Tour de France (Piper-Siffert) pour non-respect d'un point de règlement pour le moins litigieux. Acquise par Gordon Durham en juin 1965, la 4399 GT s'éloigne de la scène sportive avec les honneurs au Tourist Trophy et aux 500 Kilomètres de Spa (Salmon). Elle se retire définitivement peu après un abandon aux 1 000 Kilomètres du Nürburgring.

Le Mans 24 Hours (Ireland-Maggs) and on the podium (Parkes-Scarfiotti) in the Reims 12 Hours after a bitter struggle. Except for sixth place in the Tourist Trophy (Ireland) the rest of the season was a let-down with a questionable disqualification in the Tour de France (Piper-Siffert) for not respecting a particularly litigious point in the regulations. Acquired by Gordon Durham in June 1965, 4399 GT departed the racing scene with good results in the Tourist Trophy and the Spa 500 km (Mike Salmon). It bowed out shortly after retiring in the Nürburgring 1000 km.

4491 GT

La 4491 GT, acquise par David Piper en juin 1963, commence sa carrière sportive sur le continent en disputant le Trophée international de vitesse, de la façon que l'on connaît, et les Trophées d'Auvergne qu'elle termine neuvième, et troisième de sa catégorie. Après une cinquième place au Tourist Trophy, suivie d'une quatrième à la Coppa Inter-Europa, elle termine la saison en remportant le classement général et celui de l'indice de performance des 9 Heures de Kyalami (Piper-Maggs).
Modifiée durant l'intersaison, la 4491 GT dispute avec panache les 2000 Kilomètres de Daytona 1964. Superbement servie par Piper-Bianchi, elle est troisième au quart de la course, deuxième après le déchapage de la GTO de Rodriguez-Phil Hill, quatrième après une demi-heure d'immobilisation pour changement d'alternateur, et termine deuxième après avoir profité de la nuit pour prendre le meilleur sur celle de Grossman-Hansgen. Poursuivant la saison avec distinction, elle est quatrième aux 500 Kilomètres de Spa (Piper) et septième aux 1000 Kilomètres du Nürburgring (Piper-Maggs). Aux 12 Heures de Reims, toujours avec le même équipage, elle est à nouveau quatrième, deuxième de sa catégorie (qu'elle mena

4491 GT bought by David Piper in June 1963 began its sporting career on the continent in the Trophée International de Vitesse, as we have already seen, and the Trophées d'Auvergne in which it finished ninth overall and third in its category. After fifth in the Tourist Trophy followed by fourth in the Coppa Inter-Europa, it ended the season with overall victory in the Kyalami 9 Hours plus first place in the Index of Performance driven by Piper- Maggs.
4491 GT was modified during the winter and put on a scintillating performance in the 1964 Daytona 2000 kilometers. Well driven by Piper-Bianchi, it was third after a quarter of the race, second after the Rodriguez-Phil Hill GTO threw a tyre thread, fourth after being immobilised for 30 minutes for an alternator change: it saw the flag in second place after taking advantage of the night to get the better of the Grossman-Hansgen GTO. It continued to rack up good results with fourth in the Spa 500 km (Piper) and seventh in the Nürburgring 1000 km (Piper-Maggs). In the Reims 12 Hours still with the same driver line-up it scored another fourth place overall and second in its category, which it led for a while before being slowed by brake

un temps avant d'être ralentie par des problèmes de freins). Les 1000 Kilomètres de Paris (Piper-Maggs) suivent avec une nouvelle quatrième place ; une course que Piper, victime d'un accident quinze jours plus tôt à Snetterton, disputa avec un corset de plâtre. Les traditions ayant leur poids, elle finit la saison en Afrique, en terminant deuxième à Kyalami (Love-de Klerk) et sixième au Grand Prix d'Angola (Maggs).

En 1965, Piper, dont l'ambition est de disputer la saison suivante avec une 250 LM, vend la 4491 GT à Peter Sutcliffe, un entrepreneur de textile originaire de Huddersfield. Au Tourist Trophy, disputé en deux manches à Oulton Park, la 4491 GT termine cinquième, deuxième des GT, et se classe quatrième aux 500 Kilomètres de Spa au terme d'une empoignade soutenue avec la Porsche 904 de Ben Pon (troisième) et la Cobra de Bondurant (cinquième). Une quinzième place suit aux 1000 Kilomètres du Nürburgring et une évidence s'impose : la 4491 GT a fait son temps face à une concurrence mordante. Les 12 Heures de Reims (Sutcliffe-Bradley) le prouvent : après avoir atteint la septième place à 3 heures du matin, elle s'essouffle peu à peu, glisse dans le classement, puis soudain part en perdition et s'arrête brutalement au Thillois. Privé de direction, Sutcliffe n'a pas eu d'autre choix que de percuter le mur de protection, sans dommage pour lui, moins pour la voiture. La 4491 GT vient de terminer sa saison par anticipation : elle n'ira pas plus loin. En 1974, elle redeviendra pour un temps la propriété de David Piper. Pour le plaisir ou par nostalgie.

problems. Piper-Maggs clinched another fourth place in the Paris 1000 km. Piper, victim of an accident two weeks earlier, drove wearing a plaster corset! It finished the season in traditional style in Africa finishing second at Kyalami (Love-de Klerk) and sixth in the Angolan Grand Prix (Maggs).

In 1965, Piper, whose aim was to race a 250 LM in the coming season, sold 4491 GT to Peter Sutcliffe, a textile entrepreneur from Huddersfield. In the Tourist Trophy run in two heats at Oulton Park, 4491 GT finished fifth and second in GT followed by fourth in the Spa 500 km after a hard-fought scrap with Ben Pon's Porsche 904 (third) and Bondurant's Cobra (fifth). It then came 15th in the Nürburgring 1000 km and the obvious conclusion was reached: 4491 GT was over the hill as proved in the Reims 12 hours (Sutcliffe-Bradley). After getting up to seventh place at 03:00 it gradually ran out of puff and fell back down the time sheets, then suddenly went out of control and crashed at Thillois. Sutcliffe had no steering and had no choice but to hit the protective wall without damage for himself although the same couldn't be said about the car. 4491 GT had just finished its season in advance: it was game over. In 1974, David Pier owned it again for a while – for pleasure or nostalgia?

4491 GT. Pavillon de toit abaissé, nouvelle monte de pneumatiques, ailes élargies, allégée, la GTO façon Piper prouva en 1964 le bien-fondé des améliorations apportées durant l'hiver, au point que Bandini la présenta à Forghieri comme étant "la plus rapide de toutes les GTO", tout au moins à Brands Hatch. Elle est vue ici lors des 1000 Kilomètres du Nürburgring 1964 (n° 72) et 1965 (n° 64) où Sutcliffe et Lumsden ne furent jamais en mesure de concurrencer les Cobra. Privée d'embrayage en fin de course, elle finit quinzième au général, mais première de sa catégorie. On remarquera que la haute taille de Sutcliffe imposa de surélever le côté droit du toit. (Bernard Cahier, The Cahier Archive)

4491 GT. With a lowered roof line, a new set of tyres, enlarged wings and weight loss, the GTO tweaked by David Piper proved that the improvements made during the winter enhanced the car's performance and Bandini presented it to Forghieri as being the fastest GTO of them all, at least at Brands Hatch. Here it is seen in action during the 1964 Nürburgring 1000 km with the number 72 and in 1965 (no. 64) where Sutcliffe and Lumsden were never in a position to take the fight to the Cobras. Its clutch gave up the ghost at the end of the race despite which it finished 15th overall and first in its category. As Peter Sutcliffe was a tall man the right-hand side of the roof had to be raised to accommodate him. (Bernard Cahier/The Cahier Archive)

4675 GT

Après plusieurs places d'honneur acquises dans sa catégorie en course de côte et une participation au Tour de France 1963 marquée par un abandon sur accident, la 4675 GT est recarrossée en version 64 durant l'hiver. En 1964, elle commence la saison par une prestation brillante, mais écourtée, à la Targa Florio et une seconde place aux 500 Kilomètres de Spa.
Acquise en juin par Oddone Sigala, elle dispute le reste de la saison exclusivement sur la péninsule ; sa participation aux 1000 Kilomètres de Paris (Lualdi-Sigala) marquée par une douzième place, la quatrième de sa catégorie, est une exception. Vendue à Vincenzo Nember, elle continue en 1965 une carrière sportive marquée par une activité soutenue en courses de côte. Passée aux mains de Luigi Taramazzo, elle finit deuxième de la Coppa FISA en mars 1966 et se retire en avril après un abandon aux 1000 Kilomètres de Monza.

After several top places in its category in hill climbs and an outing in the 1963 Tour de France (retired, accident) 4675 GT was transformed into 64 configuration during the winter. It kicked of the 1964 season with a brilliant performance - sadly all too brief - in the Targa Florio and second place in the Spa 500 km.
Oddone Sigala bought it in June and raced it in Italy for the rest of the year with one exception, an outing in the Paris 1000 km (Lualdi-Sigala) resulting in 12th place overall and fourth in its category. It was then sold to Vincenzo Nember and its sporting career continued in 1965 with a large number of participations in hill climbs. Its next owner was Luigi Taramazzo who drove it to second place in the Coppa FISA in March 1966 and it quit the circuits the same year after retiring in the Monza 1000 km.

4675 GT. Carrossée en version 64 durant l'hiver, la 4675 GT est vue ici lors de la Targa Florio 1964 où, malgré un effort héroïque de Guichet (resté au volant), elle vient d'abandonner, trahie par sa transmission. On notera que le refroidissement fut plus tard renforcé par trois ouïes situées au-dessus de la prise d'entrée d'air du radiateur. (Bernard Cahier, The Cahier Archive)

4675 GT. Le 17 mai 1964, la 4675 GT, confiée à Jean Guichet, partit en première ligne des 500 Kilomètres de Spa en compagnie de la Cobra de Phil Hill et de la 4399 GT du *pole man*, Parkes. Elle se classa deuxième derrière celle de l'Anglais. Hill, retardé par des filtres à essence s'étant encrassés, termina vingt-deuxième. (Bernard Cahier, The Cahier Archive)

4675 GT. 4675 GT rebodied in 1964 style during the winter is seen here in the 1964 Targa Florio in which it has just retired with broken transmission despite a heroic effort by Jean Guichet (at the wheel). Note that cooling was improved later on with three air intakes being added above the radiator air intake. (Bernard Cahier/The Cahier Archive)

4675 GT. On 17th May 1964, 4675 GT driven by Jean Guichet started on the front row of the Spa 500 km alongside Phil Hill's Cobra and pole sitter, Mike Parkes. It finished second behind the Englishman's GTO. Hill, delayed by clogged fuel filters, saw the flag in 22nd place. (Bernard Cahier/The Cahier Archive)

118

SHELL
BP
MERCEDES-BENZ
Englebert
CASTROL
Mobil
COBRA
CN11
0711
1
20
9

4713 GT

Acquise par Luigi Chinetti en 1963, la 4713 GT, la seule des GTO habillée par Scaglietti sur un dessin de Pininfarina, termine sixième des 24 Heures du Mans et huitième du Tourist Trophy (Penske) avant d'être mise hors course lors du Tour de France. Propriété de Bob Grossman l'année suivante, elle se distingue aux 2000 Kilomètres de Daytona (Grossman-Hansgen) où elle atteint la deuxième place avant d'en être dépossédée, la nuit venue, par la 4491 GT de Piper-Bianchi. La suite est moins glorieuse avec une quinzième place aux 12 Heures de Sebring (Grossman-Thompson), où les GTO subissent le joug des Cobra. Quelques places d'honneur signées par Grossman à Bridgehampton marquent essentiel d'une carrière qui s'essouffle et s'achève peu après.

Luigi Chinetti bought 4713 GT in 1963. The only GTO clad in bodywork by Scaglietti designed by Pininfarina came sixth in the Le Mans 24 Hours and eighth in the Tourist Trophy (Penske) after which it was disqualified in the Tour de France. Now owned by Bob Grossman, the following year it put on a good performance in the Daytona 2000 km (Grossman-Hansgen) in which it got up into second place before being ousted by the 4491 GT driven by Piper-Bianchi. Then things started to go downhill with 15th place in the Sebring 12 Hours (Grossman-Thompson) in which the GTCs were outpaced by the Cobras. A few good performances by Grossman at Bridgehampton were the final results of a career that petered out soon afterwards.

4713 GT. La 4713 GT se distinguait par une carrosserie de Berlinette 330 LM qui conjuguait un habitacle et un arrière proches de ceux de la 250 GT Lusso avec un avant style 250 GTO. Inscrite au Mans en catégorie GT, elle reprenait le V12 de 3 litres et la boîte à cinq rapports de la GTO. Un panachage qui ne fut pas des plus heureux. Elle est vue ici pendant les 24 Heures du Mans 1963, en particulier aux mains de Masten Gregory qui en refera la proue lors d'une sortie de route dans le sable au virage d'Indianapolis.
(Bernard Cahier, The Cahier Archive)

4713 GT. 4713 GT caught the eye as it had Berlinetta 330 LM bodywork, which combined a rear end similar to that of the 250 GT Lusso and a 250 GTO style front. It was entered for Le Mans in the GT category powered by the 3-litre V12 GTO engine coupled to a five-speed gearbox: a combination that wasn't very successful. It is photographed here during the 1963 Le Mans 24 Hours driven by Masten Gregory who modified its nose when he went off into the sand bank at Indianapolis. (Bernard Cahier/The Cahier Archive)

FERRARI
10
PRESSE
SÉCURITÉ
26

Esso
Esso
26

31

4757 GT

Vendue à la Scuderia Serenissima du comte Volpi, la 4757 GT dispute les 24 Heures du Mans 1963, où elle se retire prématurément sur une sortie de route d'Abate. La course suivante est plus brillante. Pilotée par un Abate à son meilleur, elle termine troisième, première de la catégorie GT des Trophées d'Auvergne (disputés sur trois heures) en dépit d'un arrêt d'une minute et demie pour agrandir l'entrée d'air de la calandre afin d'éviter une surchauffe du moteur. Sur sa lancée, elle dispute, toujours avec Abate, une série de courses de côte, dont elle remporte la catégorie GT à défaut de place d'honneur au général, et termine la saison sur une fausse note au Tour de France. Elle dispute la saison suivante sous les couleurs de l'Écurie Francorchamps en se partageant entre épreuves de côte et de circuit. Elle s'efface de la scène sportive en 1965.

4757 GT was sold to the Scuderia Serenissima owned by Count Volpi and raced in the 1963 Le Mans 24 Hours in which it retired early on when Abate crashed. Its next race produced a much better result. Abate was at his brilliant best and drove the car to third place overall and first in GT in the Trophées d'Auvergne (run over 3 hours) despite a stop of one-and-a-half minutes to enlarge the air intake on the grille to prevent the engine overheating. In the same vein, it raced in a number of hill climbs with Abate at the wheel in which it won the GT category if not the overall classification. Its season ended on a low note in the Tour de France. The following season it raced in the Écurie Francorchamps colours in hill climbs and circuit races. It left the sporting scene in 1965.

4757 GT. Si la 4757 GT fut à l'aise sur le circuit du Mans en 1963, ce ne fut jamais pour en tirer un avantage déterminant : aux 24 Heures 1963, elle abandonna sur une bévue d'Abate alors qu'elle pouvait prétendre au meilleur, et sa participation au Tour de France laissa, entre Bandini (ici en casque) et Tavano, des traces profondes dont ils n'eurent pas à se féliciter, leur directeur de course, Ugolini, ayant tranché en faveur de l'Italien au détriment du Manceau pour l'épreuve de classement mancelle. (Bernard Cahier, The Cahier Archive et archives Maurice Louche)

4757 GT. While 4757 GT was very much at home on the Le Mans circuit in 1963, it never exploited this advantage as it retired after Abate made a mistake just when it looked like it was a real victory contender. Its outing in the Tour de France drove a wedge between Bandini (here with helmet) and Tavano that worsened their relations as Ugolini, the team manager, had preferred the Italian to the driver from Le Mans during the classification stage on the Sarthe circuit. (Bernard Cahier/The Cahier Archive, Archives Maurice Louche)

ERODO
Polaroil
Polaroil
DUNLOP
20

163
175
12e TOUR DE FRANCE AUTOMOBILE
92067-MO

32

5095 GT

Acquise en septembre 1963 par le comte Volpi pour la Scuderia Serenissima, la 5095 GT dispute dans la foulée et avec fracas le Tour de France. Après une réparation d'ampleur, elle devient la propriété de Fernand Tavano en mars 1964 et se distingue dans de nombreux rallyes français. Si elle abandonne au Grand Rallye national de l'Ouest (couru en deux jours sur 1 500 kilomètres de route, cinq courses de côte et deux épreuves de vitesse), trahie par son embrayage, elle prend le meilleur avec Tavano-Mazzia dans celui de Picardie au terme d'un long duel l'opposant à la Cobra de Schlesser-Greder. Forfait à la Coupe de Paris, en raison de problèmes d'amortisseurs, elle remporte le rallye du Limousin, toujours avec Tavano et Mazzia. Après deux participations en courses de côte (Côte du Pin et Les Andelys) où, en tant que spécialiste reconnu, Tavano excelle, sa participation au Tour de France se solde par un nouvel abandon. Peu après, Tavano en fait offre à l'École de pilotage de l'Automobile Club de l'Ouest. Elle rejoindra ultérieurement la collection de Pierre Bardinon.

Count Volpi bought 5095 GT in September 1963 for the Scuderia Serenissima and entered it straight away for the Tour de France in which it crashed. After major repairs it was bought by Fernand Tavano in March 1964 and performed well in several French rallies. While it retired in the Grand rallye national de l'Ouest (run over two days and 1500 km on roads as well as taking in five hill climbs and two speed events) due to clutch failure, it won the Picardy rally driven by Tavano-Mazzia after a long duel with the Schlesser-Greder Cobra. It withdrew from the Coupe de Paris because of shock absorber problems and then won the Limousin Rally, again driven by Tavano-Mazzia. After two outings in hill climbs (Côte du Pin and Les Andelys), in which Tavano, an acknowledged specialist, excelled its outing in the Tour de France ended in another retirement. Shortly afterwards, Tavano gave it to the Automobile Club de l'Ouest driving school. Later on it became part of Pierre Bardinon's collection.

5095 GT. Historiquement parlant, la 5095 GT est l'avant-dernière GTO à carrosserie 63, puisque vendue le 6 septembre 1963. Mais qu'importe, pour l'heure nous sommes au Mans, lors du Tour de France 1964, et Tavano, qui est ici chez lui, va abandonner, trahi par un piston en vue de la ligne d'arrivée. On notera son immatriculation, MO 96519. (Bernard Cahier, The Cahier Archive)

5095 GT. Historically speaking, 5095 GT was the second-last GTO built with 1963 bodywork as it was sold on 6th November 1963. Here we are at Le Mans during the 1964 Tour de France and Tavano on home turf retired due to a blown piston with the finishing line in sight. Note its registration number, MO 96519. (Bernard Cahier/The Cahier Archive)

173

33

5111 GT

Acquise par Jean Guichet en septembre 1963, la 5111 GT court dans la foulée le Tour de France qu'elle remporte, admirablement servie par un équipage adroit et fin stratège. En octobre, elle termine deuxième de la Coupe du Salon disputée sous une pluie battante ; un résultat satisfaisant pour Jean Guichet, cherchant plus à assurer un titre de champion de France catégorie GT qu'à remporter une victoire impossible faute d'avoir les pneus idoines. La suite, ternie par deux accidents consécutifs, est moins brillante : au Critérium Neige et Glace 1964 (couru les 22 et 23 février sur 500 kilomètres et trois courses de côte dans la nuit du samedi au dimanche), Guichet quitte la route dans le col de Prés avant même de disputer la première épreuve de classement du mont Revard ; un mois plus tard, de Bourbon-Parme fait de même lors de la Course de côte de Cannes. En juin, Guichet termine quinzième du classement général absolu (12′ 08″ 4) au mont Ventoux, un résultat en demi-teinte qu'explique en partie une démultiplication inadaptée. Suit un Tour de France qui s'apparente pour Guichet-de Bourbon-Parme à une hypothétique recherche du temps perdu : ils finiront tout de même deuxièmes.

En 1965, le Rallye des Routes du Nord est une (autre) déconvenue pour Guichet. Associé à Jean-Claude Sauer, le Marseillais étincelle et fait figure de vainqueur quand son pied glisse de la pédale de freins dans l'épreuve de Couplevoie où le sol était boueux : la sortie de route et les pénalités qui s'ensuivent relèguent l'équipage à la onzième place. Deux semaines plus tard, le Critérium Neige et Glace (Guichet-Clément) tourne à la mission impossible quand la difficulté de conduire une GTO (équipée de pneumatiques Michelin X cloutés par Vaillant, une première en France) sur des routes glissantes se double d'ennuis de transmission : la 5111 GT termine à la douzième place, troisième au classement général Sport. Elle quitta la scène sportive le 1er août à Chamrousse où, dans le brouillard qui enveloppait le parcours par nappes denses, Guichet termina premier de la catégorie GT plus de 2 litres.

5111 GT was bought by Jean Guichet in September 1963 and raced in the Tour de France almost immediately, which it won in the hands of a clever and strategically savvy driver line-up. In October, it finished second in the Coupe du Salon run in pouring rain, a good result for Guichet who was more interested in ensuring the French championship title than gunning for an impossible victory because he didn't have the right tyres. After that its career stagnated not helped by two accidents. In the Critérium Neige et Glace 1964 (held on 22 - 23 February over 500 km with three hill climbs in the night of Saturday to Sunday) Guichet left the road in the Prés pass before competing in the first timed stage, Mont Revard. A month later, de Bourbon-Parme did the same thing in the Cannes hill climb. In June, Guichet finished 15th in the overall general classification (12m 08.4s) at Mont Ventoux, a poor result part of the reason being unsuitable gear ratios. Then came the Tour de France which, for Guichet-de Bourbon-Parme, turned into a pursuit of time lost, but even so they still finished second.

In 1965, the Rallye des Routes du Nord was another disappointment for Guichet. The man from Marseille teamed up with Jean-Claude Sauer, put on a sparkling performance and looked to have the event won when his foot slipped off the brake pedal on a muddy surface in the Couplevoie event. The accident and the ensuing penalties dropped the duo back to 11th place. Two weeks later in the Critérium Neige et Glace Guichet-Clément were faced with an almost impossible challenge: namely, the difficulty of driving a GTO shod with Michelin X tyres with studs made by Vaillant (a first in France) on slippery roads combined with transmission problems. 5111 GT finished in 12th place in the overall classification and third in the general Sport ratings. The Ferrari left the sporting scene on 1st August at Chamrousse where, on a route enveloped in thick banks of fog, Guichet came first in the over 2-litre GT category.

5111 GT. Vendue à Jean Guichet le 6 septembre 1963, la 5111 GT fut la dernière 250 GTO carrossée en version 63. Elle est ici vue au Mans et à Albi pendant le Tour de France 1964. Il est intéressant de remarquer qu'elle est identique à la 5095 GT vendue le même jour à Fernand Tavano. En toute logique, elle est immatriculée MO 96520. (Bernard Cahier, The Cahier Archive)

5111 GT. Bought by Jean Guichet on 6th September 1963, 5111 GT was the last GTO with 1963 bodywork. It is photographed here at Le Mans and Albi in the 1964 Tour de France. It is interesting to see that it is identical to 5095 GT sold the same day to Fernand Tavano so logically its number plate is MO 96520. (Bernard Cahier/ The Cahier Archive)

5571 GT

Première des trois 250 GTO carrossées en version 64, la 5571 GT, vendue à Chinetti le 6 février 1964, commence la saison sur une très haute note en remportant les 2000 Kilomètres de Daytona (Rodriguez-Phil Hill) comptant pour le Championnat du monde des constructeurs (le kilométrage de l'épreuve ayant été augmenté pour qu'elle y soit inscrite). Une victoire acquise non

5571 GT was the first of the three 250 GTOs to be given 1964 bodywork. It was sold to Luigi Chinetti on 6th February 1964 and began its season on a high note by winning the Daytona 2000 km (Rodriguez-Phil Hill) counting for the World Championship for Manufacturers (the race's distance was increased for it to be included). This victory wasn't all plain

5571 GT. Première GTO version 64, la 5571 GT est vue ici à Sebring lors des 12 Heures 1964. À l'image des deux autres versions 64 construites, le pavillon incorpore un spoiler. À l'arrière, on remarquera la présence de catadioptres. On reconnaîtra, veste sombre, pantalon clair, Luigi Chinetti et, en combinaison marquée Dunlop, David Piper. (Bernard Cahier, The Cahier Archive)

5571 GT. 5571 GT was the first GTO in 1964 configuration seen here during the 1964 Sebring 12 Hours. Like the other two 64 versions the roof has incorporated a spoiler. At the rear are retro-reflectors. Luigi Chinetti can be seen in a dark jacket and light trousers and in the Dunlop overalls, David Piper. (Bernard Cahier/The Cahier Archive)

30
N.A.R.T.

30

5571 GT. Ci-dessus et page suivante. Nassau Speed Week 1964. La 5571 GT disputa aux Bahamas les dernières courses de sa carrière. Elle est vue le 29 novembre 1964, lors du Nassau Tourist Trophy, où elle finit sixième, première de sa catégorie, avec Rodriguez, et le 6 décembre, cette fois avec Phil Hill, lors du Nassau Trophy Race disputé sous une pluie tropicale où elle termina onzième, première de sa catégorie. Cette course fut la dernière de l'Américain au volant d'une Ferrari. On remarquera les contraintes imposées au flexible de ventilation de l'habitacle. (Bernard Cahier, The Cahier Archive)

5571 GT. Above and following page: 1964 Nassau Speed Week. 5571 GT competed in the final races of its career in the Bahamas. On 29th November 1964 it is photographed in the Nassau Tourist Trophy in which it finished sixth and first in its category driven by Pedro Rodriguez. On 6th December in the hands of Phil Hill in the Nassau Trophy Race run in tropical rain it came home 11th scoring victory in its category. This race was the American's swansong in a Ferrari. The restrictions imposed on the ventilation tube in the cockpit can be seen. (Bernard Cahier/The Cahier Archive)

sans émotion puisque, troisième à l'issue des essais et deuxième au quart de la course, elle passait à la quatrième place à la suite du déchapage du pneu avant gauche et finissait par l'emporter à la faveur du retrait des leaders successifs. Les 12 Heures de Sebring, qu'elle termine à la septième place au classement général, sont le début d'une glissade qui se poursuit par un abandon au Mans et une onzième place aux 12 Heures de Reims (Rodriguez-Vaccarella), en partie due à des problèmes de freins arrière qui lui coûtèrent trois quarts d'heure d'arrêt peu après le départ. Impasse faite sur les principales autres courses européennes, elle participe sans éclat à la onzième Nassau Speed Week. Vendue à Beverly Spencer, elle quitte l'arène sportive en 1965.

sailing as it was third in practice, second after a quarter of the race and fell back to fourth after the left-hand front tyre flew off the rim. But it finished on the top step of the podium after the successive race leaders retired. The Sebring 12 Hours in which it finished seventh overall was the beginning of a series of setbacks including retirement at Le Mans and 11th place in the Reims 12 Hours (Rodriguez-Vaccarella), due mainly to problems with the rear brakes, which cost it three-quarters-of-an-hour shortly after the start. It did not compete any more in Europe and its last outing was in the 11th Nassau Speed Week. It was sold to Beverly Spencer and stopped racing in 1965.

35

5573 GT

Pour avoir été confiée aux plus grands champions de son temps, elle tient une place d'honneur au sein des GTO. Vendue en 1964 à Luigi Chinetti, la 5573 GT commence sa carrière sur une fausse note avec une disqualification aux 12 Heures de Sebring (Guichet-Abate). Par contraste, elle termine troisième des 500 Kilomètres de Spa avec Bandini, et sa prestation aux 1000 Kilomètres du Nürburgring est des plus relevées avec une deuxième place, la première de la catégorie GT, acquise par Guichet et Parkes au meilleur de leur talent. Dans la foulée, elle dispute les 24 Heures du Mans où elle se classe honorablement neuvième avec Tavano-Grossman.

La suite comprend un abandon (transmission) aux 12 Heures de Reims (Grossman-Hudson) alors qu'elle occupait la vingtième place après dix heures de course et un accident spectaculaire au Tourist Trophy où elle capote et heurte l'Elva de Tony Lanfranchi (sans gravité pour les pilotes) après une manœuvre de Surtees pour éviter Ireland en perdition. Après une réparation à la hâte, elle dispute les 1000 Kilomètres de Paris avec Rodriguez-Schlesser qui l'emmènent à la deuxième place au général, la première des GT. Une victoire qui permet au NART de remporter le Trophée France-Amérique. Après être brièvement passée entre les mains de Bob Grossman et de Walter Luftman, elle étoffe la collection de Pierre Bardinon en 1972.

5573 GT has a special place in the history of the GTO as it was raced by some of the greatest drivers of its era. Luigi Chinetti bought it in 1964 and its career got off to an ignominious start with disqualification in the Sebring 12 Hours (Guichet-Abate) It then clinched third place in the Spa 500 km (Bandini), and put on a stunning performance in the Nürburgring 1000 km by finishing second overall and first in the GT category driven by Guichet and Parkes at their brilliant best. After that it competed in the Le Mans 24 Hours coming home ninth with Tavano-Grossman.

The following races included retirement (transmission) in the Reims 12 Hours (Grossman-Hudson) when in 20th spot after 10 hours. It had a spectacular accident in the Tourist Trophy when it flipped and hit Tony Lanfranchi's Elva (no injuries to the drivers) after Surtees tried to avoid Ireland who had lost control of his car. After hasty repairs it competed in the Paris 1000 km driven by Rodriguez and Schlesser who took the flag in second place overall and first in GT. Thanks to this victory NART won the France-America Trophy. After being briefly owned by Bob Grossman and Walter Luftman it was added to Pierre Bardinon's collection in 1972.

5573 GT. Ci-contre et page suivante. La 5573 GT, la deuxième GTO 64 construite, ne se distinguait en rien de la 5571 GT et avait aussi un pavillon incorporant un spoiler des plus discrets. Elle est vue ici lors des essais des 12 Heures de Sebring 1964, avec Guichet au volant, et le dimanche matin peu avant le départ. On remarquera que les numéros affichés aux essais et en course sont différents. La Cobra n° 12 est celle de Bondurant-Spencer, qui finira cinquième. (Bernard Cahier, The Cahier Archive)

5573 GT. Right and following page. 5573 GT, the second GTO 64 built, was no different to 5571 GT and also had a tiny spoiler incorporated into its roof. It is seen here in practice for the 1964 Sebring 12 Hours with Guichet at the wheel and on Sunday morning shortly before the start. Notice that the numbers in practice and the race are different. Number 12 driven by Bondurant-Spencer finished fifth. (Bernard Cahier/The Cahier Archive)

31

31

MERCEDES-BENZ
Gulf
31

MERCEDES-BENZ
31

5573 GT. 1000 Kilomètres de Paris 1964. Succès facile en GT pour Rodriguez-Schlesser ; course tragique avec la disparition de Peter Lindner et Franco Patria, mais aussi de trois commissaires. Les 1000 Kilomètres de Paris, disputés par un temps "sibérien" et en partie sous la pluie, furent tout cela après un départ donné lancé, ce qui est une nouveauté. Sixième au dixième tour, troisième au trentième, puis (définitivement) deuxième à dix tours de la fin d'une course qui en compte cent, la 5573 GT sut attendre que les rangs s'éclaircissent (sous la pluie et avec des essuie-glaces soudain hors d'usage). (Archives Ferrari, auteur inconnu)

5573 GT. 1964 Paris 1000 kilometres. A stroll in the park for Rodriguez-Schlesser in the GT category in a tragic race marked by the deaths of Peter Lindner, Franco Patria and three marshals. The race was run in freezing cold conditions and partially in heavy rain after a flying start, a novelty. Sixth on lap 10, third on the 30th and second 10 laps from the finish of the 100-lap event, 5573 GT without windscreen wipers that suddenly went on the blink in the rain played a waiting game as its rivals fell by the wayside. (Archivio Ferrari – Autore sconoscuito)

5575 GT

Vendue à Jacques Swaters en mai 1964, la 5575 GT débute sa carrière sous les couleurs de l'Écurie Francorchamps aux 500 Kilomètres de Spa (Bianchi) où, quatrième jusqu'aux deux tiers de la course, elle abandonne, victime d'une surchauffe moteur. Confiée à Bianchi et Langlois van Ophem, elle termine quatrième des 1000 Kilomètres du Nürburgring, puis cinquième des 24 Heures du Mans (Bianchi-"Beurlys"), un résultat qui en fait la première de sa catégorie, la deuxième en GT. À Reims, où Bianchi fait équipe avec Dumay, la 5575 GT recule d'un cran : longtemps engluée autour de la dixième place, elle termine neuvième. Confiée à Langlois van Ophem, une troisième place au Grand Prix du Limbourg suit et conclut sa carrière sous le pavillon belge. Vendue à Philippe de Montaigu, elle termine neuvième au classement général scratch GT du Tour de France (Annie Soisbault de Montaigu et Nicole Roure) et se classe treizième des 1000 Kilomètres de Paris (Dubois-Gosselin) au terme d'une course anonyme noyée dans le peloton. En novembre, elle se classe deuxième du Tour de Belgique (Bianchi-Lambrecht), mais surtout première des GT, ce qui permet à Bianchi de se parer du titre de champion de Belgique des rallyes internationaux. Elle s'éloigne de la scène sportive sur ce résultat.

5575 GT was sold to Jacques Swaters in May 1964 and began its career in Écurie Francorchamps colours in the Spa 500 km (Bianchi). With two-thirds of the race gone it was lying fourth, but retired due an overheating engine. Driven by Bianchi and Langlois van Ophem it finished fourth in the Nürburgring 1000 km and then fifth in the Le Mans 24 Hours (Bianchi-"Beurlys") winning its category and finishing second in GT in the Sarthe classic. At Reims where Bianchi teamed up with Dumay 5575 GT finished further down the time sheets. It hovered around tenth for a long time and saw the flag in ninth place. In the hands of Langlois van Ophem it came third in the Preis von Limbourg, which rounded off its stint under the Belgian flag. Bought by Philippe de Montaigu it was ninth in the scratch classification of the Tour de France (Annie Soisbault de Montaigu and Nicole Roure) followed by 13th in the Paris 1000 km (Dubois-Gosselin) after an anonymous race stuck in the mid-field pack. In November, it came second in the Tour of Belgium (Bianchi-Lambrecht), and its first place in GT gave Bianchi the Belgian international rally champion title. It did not do any more racing after this event.

5575 GT. 12 Heures de Reims 1964. En vedette au Mans, la 5575 GT (Bianchi-Dumay) ne tint à Reims qu'un rôle de figurante. Quinzième aux essais (2' 30" 4), et donc mal placée au départ, elle pointait en neuvième position après une heure de course, puis oscillait autour de la dixième place jusqu'aux premières heures de la matinée. Elle termina neuvième après s'être fait souffler *in extremis* la huitième place par la Jaguar de Protheroe-Coundley. (Bernard Cahier, The Cahier Archive)

5575 GT. 1964 Reims 12 Hours. After starring at Le Mans 5575 GT (Bianchi-Dumay) only played a walk-on role at Reims. Its 15th position (2m 30.4s) in practice meant it was badly placed on the grid. It was in ninth spot after an hour's racing and then hovered around 10th until the early hours of the morning. 5575 finally came home ninth after the Protheroe-Coundley Jaguar snatched eighth from it in the dying minutes of the race. (Bernard Cahier/The Cahier Archive)

BP
LONGLIF
UNLOP
LONGL
28
28

5575 GT. En 1964, que ce soit aux 500 Kilomètres de Spa (Bianchi), aux 1000 Kilomètres du Nürburgring (Bianchi-Langlois van Ophem), aux 24 Heures du Mans (Bianchi-“Beurlys”) ou aux 12 Heures de Reims (Bianchi), la 5575 GT peut se targuer d'avoir été pilotée par les meilleurs volants belges du moment. Qu'elle appartienne à Annie Soisbault de Montaigu depuis le mois de septembre ne change rien à l'affaire : lors du Tour de France, l'immatriculation est belge. (Bernard Cahier, The Cahier Archive)

5575 GT. In 1964, 5575 GT was driven by the best Belgian aces of the time whether in the Spa 500 km (Bianchi), the Nürburgring 1000 km (Bianchi and Langlois van Ophem), the Le Mans 24 Hours (Bianchi-“Beurlys”) and the Reims 12 Hours (Bianchi). The fact that it belonged to Annie Soisbault de Montaigu since September didn't change anything as its registration was still Belgian! (Bernard Cahier/The Cahier Archive)

170
FK726

Plus trois et quelques autres...
Plus three and a few others

3673 SA

Compte tenu de son V12 de 4 litres dérivé du 400 SA de la Super America (il importe alors pour Ferrari de croiser le fer avec les Aston Martin DP 212, Maserati 151, Jaguar E et autres Chevrolet Corvette), la 3673 SA n'est pas une 250 GTO à strictement parler, mais, pour emprunter à la version 3 litres carrosserie (extérieurement elle s'en distingue par un capot au bossage plus volumineux), châssis, boîte de vitesses et pont arrière, elle lui est apparentée. Ce qui vaut aussi pour la 3765 LM et la 4561 SA à la motorisation identique.
La 3673 SA disputa les 1000 Kilomètres du Nürburgring 1962 et quitta la scène sportive. Une apparition brève, mais juteuse puisqu'elle s'y classa deuxième avec un équipage (Parkes-Mairesse) inspiré. La suite tient en un accident de la route occasionné par Mairesse avant la livraison de la voiture à un client s'étant déjà acquitté de la facture et, dit-on, sa reconstruction en une version hybride constituée d'un châssis de 400 SA habillé d'une carrosserie de 250 GT SWB.

Taking into account the fact that its 4-litre engine was derived from the 400 SA of the Super America (it was important for Ferrari to cross swords with the Aston Martin DP 212s, Maserati 151s, E-Type Jaguars and Chevrolet Corvettes) 3673 SA was not a true 250 GTO, but having taken the bodywork (externally it differed by a bonnet with a bigger bump), chassis, gearbox and rear axle from the 3-litre version it was almost as if it was. The same is true for 3765 LM and 4561 SA, which had the same engine.
3673 SA's only race was the 1962 Nürburgring 1000 km after which it disappeared from the racing scene. It was a brief but fruitful outing as it finished second driven by Parkes-Mairesse in inspired form. After that it was involved in a road accident (Mairesse) before being delivered to a client who had already paid for it. 3673 SA was then rebuilt as a hybrid version consisting of a 400 SA chassis covered in 250 GT SWB bodywork.

3673 SA. 1000 Kilomètres du Nürburgring 1962. Partie en deuxième position (9' 34" 8), la 3673 SA fit une course solide. Troisième au premier passage, deuxième au dixième tour derrière la Lotus 23 de Clark, elle profitait de son abandon deux boucles plus tard pour prendre brièvement la tête, et finalement se caler derrière la Ferrari 246 SP des (futurs) vainqueurs Phil Hill-Gendebien peu après le premier ravitaillement. (Bernard Cahier, The Cahier Archive)

3673 SA. 1962 Nürburgring 1000 km. After starting in second place (9m 34.8s), 3673 SA never missed a beat. It was third first time round, second on lap 10 behind Jim Clark's Lotus 23 and led briefly when the latter retired two laps later. It then slotted in behind the Ferrari 246 SP of the future winners Phil Hill-Gendebien soon after the first refuelling stops. (Bernard Cahier/The Cahier Archive)

Continental
Reifen
120
120

120
12.0

3765 LM

Engagée par Maranello, la 3765 LM courut uniquement les 24 Heures du Mans 1962 où des problèmes de surchauffe de son V12 de 4 litres abrégèrent une course dont les débuts furent chaotiques. Vendue à Ferdinando Latteri, elle reçut un V12 de 3 litres et disputa avec succès un grand nombre de courses de côte, sa participation à la Targa Florio 1965 faisant exception.

Entered by Maranello, 3765 LM's only race was the 1962 Le Mans 24 Hours, which was cut short by overheating problems after a somewhat chaotic debut. It was sold to Ferdinando Latteri and a 3.3-litre V12 was installed and it achieved success in a large number of hill climbs. Its participation in the 1965 Targa Florio was an exception.

3765 LM. Après les brillants débuts de la 3673 SA au Nürburgring, Maranello comptait sur la 3765 LM et son V12 de 4 litres pour, sinon s'imposer, du moins bien figurer, mais ses espoirs furent ruinés quand Parkes l'ensabla à Mulsanne. Outre cela, elle connut des problèmes de refroidissement, consécutifs ou non à la sortie de route, mais qui entraînèrent son retrait. Des problèmes qui devinrent récurrents avec le 3-litres et que l'on essaya de résoudre avec l'addition d'une ouverture sur le capot, comme en témoigne cette photo prise lors des entraînements de la Targa Florio 1965. (Bernard Cahier, The Cahier Archive)

3765 LM. After 3673 SA's brilliant debut at the Nürburgring, Maranello counted on the 3765 LM and its 4-litre V12 if not to win at least to score a good result. Its hopes were dashed when Parkes stuffed it into the Mulsanne sand bank. Besides that it suffered cooling issues, whether due to its off or not, which led to its retirement. These problems became repetitive with the 3-litre motor, which the factory tried to remedy by adding an opening on the bonnet as seen in this photo taken during practice for the 1965 Targa Florio. (Bernard Cahier/The Cahier Archive)

7
7

114
114

4561 SA

Construite pour un usage exclusivement routier à la demande de Michel Paul-Cavallier, un membre du conseil d'administration de Ferrari, la 4561 SA se distingue des précédentes par son empattement allongé (2,45 m), dû à la haute taille de son propriétaire, et un traitement particulier de l'avant. Elle est vue ici le 13 mars 1966, livrée aux mains de Charles Daniels (son propriétaire d'alors) au cours d'une démonstration sur le circuit de Snetterton.

4561 SA was built exclusively for road use at the request of Michel Paul-Cavallier, a member of Ferrari's board of directors. It stood out from the previous cars by its lengthened wheelbase (2,45 m), its height to accommodate its very tall owner and a special treatment of its front. It is seen here on 13th March 1966, in the hands of Charles Daniels (its then owner) during a demonstration on the Snetterton circuit.

4561 SA. (LAT)

2819 GT

Certes, la 2819 GT ne peut pas être apparentée à une GTO puisque que son châssis est extrapolé de la Ferrari 250 GT SWB 2819 GT (ex-Gendebien-Bianchi, Tour de France 1961) et qu'elle s'en éloigne par la hardiesse de sa conception, mais pour être un cas

While it's true that 2819 GT cannot really be classified as part of the GTO family because its chassis was derived from the ex-Gendebien-Bianchi 1061 Tour de France Ferrari 250 GT SWB 2819 GT, and its daring design makes it very different, but as a

2819 GT. Ci-contre et pages suivantes. Les 24 Heures du Mans 1962. Camionnette pour beaucoup, Breadvan pour d'autres, voire "armoire à glace, frigidaire ou télévision ?" pour ceux qui se demandaient à quoi apparenter l'arrière, la 2819 GT ne laissa au Mans personne indifférent. Qu'importe les persifleurs, elle courut (Abate-Davis). Mais peu. Huitième après une heure de course et septième l'heure suivante, elle se retira le samedi en fin d'après-midi sur panne de transmission. À l'issue des essais, des ouïes d'aération furent pratiquées sur les panneaux de custode et l'avant fut tronqué pour ajouter une ouverture supplémentaire. (Bernard Cahier, The Cahier Archive)

2819 GT. Left and following pages. 1962 Le Mans 24 Hours. A van for many, Breadvan for others plus names like the fridge, cabinet or television set, everybody at Le Mans had their own opinion. Never mind the moaners it took part (Abate-Davis), but not for long. Eighth after one hour's racing and then seventh in the following hour it retired on late Saturday afternoon with broken transmission. After practice, air vents were made in the side windows and the front was cut short to add an additional opening. (Bernard Cahier/ The Cahier Archive)

16
MO·6
8939

PNEUS
MO·6
8939
15

d'espèce elle ne peut être écartée, d'autant qu'elle eut pour commanditaire le comte Volpi et comme géniteur Bizzarrini. Expression la plus étonnante de la forme K inventée par l'aérodynamicien allemand Kamm, qui consiste à tronquer (dans certaines limites) l'arrière d'un véhicule pour en réduire la résistance de l'air, la 2819 GT fut conçue en deux semaines et fit ses débuts en compétition aux 24 Heures du Mans 1962 où elle se retira prématurément. Après une quatrième place au Guards Trophy (Abate) et à Ollon-Villars (Abate), elle disputa les 1000 Kilomètres de Paris (Davis-Scarfiotti) où sage, mais rapide (quatrième temps en course avec 2' 54" 1 contre 2' 52" 3 pour la 3527 GT de Mairesse), elle se classa à la troisième place au général après un départ prudent (septième au dixième tour) et une course convaincante. Ce fut son dernier résultat en compétition.

special case it cannot be ignored, all the more so as it was ordered by Count Volpi and its designer was Bizzarrini. It was the most amazing expression of the K form invented by the German aerodynamicist Wunibald Kamm, which consisted of cutting off within certain limits the rear of a car to reduce its air resistance. 2819 GT was designed in two weeks and made its competition debut in the 1962 Le Mans 24 Hours in which it retired early on. After fourth place in the Guards Trophy (Abate) and Ollon-Villars (Abate), it raced in the Paris 1000 km (Davis-Scarfiotti) in which it finished third overall (seventh on lap 10) after a steady, rapid, convincing drive (fourth-fastest lap in the race in 2m 54.1s compared to 2m 52. 3s for Mairesse in 3527 GT). This was its last outing in competition.

Drogo

En 1962, la Carrozzeria Sports Cars, dirigée par Piero Drogo, réalisa à Modène deux Berlinettes originales à partir de deux châssis de 250 SWB.

In 1962, Carrozzeria Sports Cars run by Piero Drogo made two original Berlinettas in Modena from two 250 SWB chassis.

2053 GT

Parfois considérée comme ayant servi à l'élaboration du prototype de la GTO, la 250 SWB 2053 GT fut acquise par Jacques Swaters et disputa les 1000 Kilomètres du Nürburgring 1962, où Georges Berger l'endommagea à la suite d'une sortie de route. Envoyée chez Drogo, elle fut modifiée et dotée d'une carrosserie dessinée par Bizzarrini et reprit la compétition en tant que Ferrari 250 GT Drogo. Vue en Angola en décembre 1962 (cinquième du Grand Prix avec Berger), puis en avril 1963 aux essais du Mans, où en l'absence des GTO elle se montra plus rapide que les Lister-Jaguar, elle se classa quatrième des 500 Kilomètres de Spa (Langlois van Ophem) avant de participer avec distinction aux 1000 Kilomètres du Nürburgring et conclure l'année en se classant sixième au Grand Prix d'Angola ("Remordu"). En 1964, après une deuxième place aux Coupes de Belgique, elle disputa les 500 Kilomètres de Spa, où elle fut détruite au-delà de toute réparation.

Sometimes considered as having been used for the creation of the GTO prototype, 2053 GT was bought by Jacques Swaters and raced in the 1962 Nürburgring 1000 km in which Georges Berger damaged it after going off. It was sent to Drogo, modifed and given bodywork designed by Bizzarrini and started racing again as the Ferrari 250 GT Drogo. It was seen in Angola in December 1962 (fifth in the grand prix driven by Berger). In the April test for the Le Mans 24 Hours (there were no GTOs) it was faster than the Lister-Jaguars. It saw the flag in fourth place in the Spa 500 km (Langlois van Ophem) after which it put on a good performance in the Nürburgring 1000 km and rounded off the year with sixth in the Angolan Grand Prix ("Remordu"). In 1964, after finishing second in the Coupes de Belgique, it raced in the Spa 500 km in which it was destroyed beyond repair.

2053 GT. 1000 Kilomètres du Nürburgring 1963. Engagée sous les couleurs de l'Écurie Francorchamps, confiée à "Eldé" et Langlois van Ophem, la Ferrari 250 GT Drogo 2053 GT, treizième à l'issue des essais (10' 12" 4), fit une course des plus régulières et termina cinquième au classement général. On remarquera devant les stands l'arrière de la 2735 GT, la seconde Ferrari 250 GT Drogo au départ. (Bernard Cahier, The Cahier Archive)

2053 GT. 1963 Nürburgring 1000 km. Entered in the Écurie Francorchamps colours for "Eldé" and Langlois van Ophem, the Ferrari 250 GT Drogo (2053 GT), 13th after practice (10m 12.4s) had a consistent race and came home fifth in the overall classification. The rear of the second Ferrari 250 GT Drogo at the start can be seen in front of the pits. (Bernard Cahier/The Cahier Archive)

BOSCH
59
69 N 52

59

2735 GT

Avant de devenir la seconde Ferrari 250 GT Drogo, elle fut celle qui s'illustra avec Stirling Moss (et Graham Hill) sous les couleurs de Rob Walker lors des 24 Heures du Mans où "elle courut comme un express" avant d'abandonner, Durit de radiateur coupée par une pale de radiateur. Vendue à Chris Kerrison, elle disputa le Tourist Trophy 1962, où Benson (coéquipier de Kerrison) alla l'empiler sur les épaves de l'Aston Martin de Clark et la GTO de Surtees. Détruite, ou à tout le moins sérieusement endommagée, elle fut recarrossée par Drogo après une redistribution des poids selon les préceptes chers à Bizzarrini (moteur abaissé et reculé). Sous cette forme, elle termina notamment cinquième des 500 Kilomètres de Spa (Kerrison) et huitième des 1000 Kilomètres du Nürburgring 1963 (Kerrison-Salmon). La même année, elle abandonna au Tour de France après une prestation des plus effacées.

Before becoming the second Ferrari 250 GT Drogo, it shone with Stirling Moss and Graham Hill in Rob Walker's colours in the 1961 Le Mans 24 Hours in which it was "running like an express train" before retiring when its radiator hose was sliced by a radiator blade. After being sold to Chris Kerrison, it competed in the 1962 Tourist Trophy in which Benson (Kerrison's team-mate) piled into the wreckage of Clark's Aston Martin and Surtees's GTO. It was almost destroyed and was rebodied by Drogo after having its weight distribution modified according to Bizzarrini's credo (engine lowered and moved back). In this form it finished fifth in the Spa 500 km (Kerrison) and the Nürburgring 1000 km (Kerrison-Salmon). The same year it retired in the Tour de France after a convincing performance.

2735 GT. Difficile d'imaginer qu'il s'agit de la même GT tant elle fut transformée, triturée, pour ne pas dire défigurée par Drogo, à Modène. Quoi qu'il en soit, la 250 GT SWB 2735 GT est vue ici lors des 24 Heures du Mans 1961, pilotée par Stirling Moss et pourchassée par l'Aston Martin de Clark. Puis lors du Tour de France 1963 (Kerrison-Raphaël) qu'elle abandonna au Nürburgring, boîte de vitesses cassée. (Bernard Cahier, The Cahier Archive)

2735 GT. It's difficult to imagine that it's the same GT because it was so heavily modified, tinkered with and deformed by Drogo in Modena. Whatever! The 250 GT SWB 2735 GT is seen here in the 1961 Le Mans 24 Hours driven by Stirling Moss pursued by Clark's Aston Martin. Then in the 1963 Tour de France (Kerrison-Raphaël) in which it retired at the Nürburgring 1000 km with gearbox failure. (Bernard Cahier/The Cahier Archive)

Index général

Index des Ferrari 250 GTO par châssis

Bibliographie

BIZZARRINI Giotto, *L'ingegnere costruttore*, AISA (Associazione Italiana per la Storia dell'Automobile)

FORGHIERI Mauro, Buzzonetti (Daniele), *Forghieri on Ferrari*, Giorgio Nada Editore, 2013

FRÈRE Paul, "Rear-engined Ferrari, Prototypes 1961/67", Profile Publications Ltd, 1973

GAULD Graham, *Modena Racing Memories*, MBI Publishing Company, 1999

LOUCHE Maurice, *Émotion Ferrari*, 2005

MOITY Christian, *Endurance 50 ans d'histoire 1953-1963*, volume 1, E-T-A-I, 2004

POURRET Jess G., *Ferrari 250 GT Compétition*, EPA, 1977

SMALE Glen, *Ferrari 250 GTO Owners' Workshop Manual*, Haynes, 2014

Magazines :

L'Automobile, *Sport Auto*

Internet :

Barchetta... The Classic and Sports Car Portal World Sports Racing Prototypes

Racing Sports Cars (www.racingsportscars.com)

Bibliography

Giotto BIZZARRINI, *L'ingegnere costruttore*, AISA - Associazione Italiana per la Storia dell'Automobile

Mauro FORGHIERI and Daniele BUZZONETTI, *Forghieri on Ferrari*, Giorgio NADA Editore, 2013

Paul FRÈRE, Rear-engined Ferrari, Prototypes 1961/67, Profile Publications Ltd, 1973

Graham GAULD, *Modena Racing Memories*, MBI Publishing Company, 1999

Maurice LOUCHE, *Émotion Ferrari*, 2005

Christian MOITY, *Endurance 50 ans d'histoire 1953-1963*, ETAI, 2004

Jess G POURRET, *Ferrari 250 GT Compétition*, EPA, 1977

Glen SMALE, *Ferrari 250 GTO Owners' Workshop Manual*, Haynes, 2014

Magazines:

L'Automobile / Sport Auto

Internet:

Barchetta – The Classic and Sports Car Portal / World Sports Racing Prototypes / Racing Sports Cars (RacingSportsCars.com)

Remerciements

Un livre comme celui-ci ne pouvant pas être le résultat d'un effort solitaire, j'exprime en premier lieu ma gratitude à Chiara Reverberi, qui m'a ouvert la photothèque Ferrari dont l'aide me fut précieuse pour retracer l'historique des 250 GTO restées dans l'ombre ou à l'identité incertaine. Ma gratitude s'étend également à Michele Pignatti Morano.

Je tiens à remercier Maurice Louche et tout particulièrement Paul-Henri Cahier sans lesquels ce livre n'aurait pu être aussi richement et diversement illustré.

Et David Waldron.

Acknowledgements

As a book such as this could not have been the product of a solitary effort, I would first of all like to express my gratitude to Chiara Reverberi who opened up the Ferrari photo library to me and whose help was very precious when it came to retracing the history of little-know GTOs or those around whose identity doubts subsist. My gratitude also extends to Michele Pignatti Morano.

I would like to thank Maurice Louche and in particular Paul-Henri Cahier without whom this book could not have been so richly and diversely illustrated.

And David Waldron.